JULIE PERREAULT

AVEC LA PARTICIPATION DE L'AVQ

Conception de la couverture : Kuizin Studio
Photos de la couverture (de gauche à droite) : Julie Perreault, Vignoble Rivière du Chêne, Julie Perreault
Photos des pages 4, 6, 8, 12, 34-35, 44-45, 84-85, 91, 114-115, 154-155 : iStockphoto
Photos des pages 13 à 20 : courtoisie de l'AVQ
Conception graphique et mise en pages : Bruno Paradis
Révision : François Morin, Ghislain Morin et Jasmine Chabot
Correction d'épreuves : Anik Tia Tiong Fat

Imprimé au Canada

ISBN : 978-2-89642-154-1

Dépôt légal – Bibliothèque et Archives nationales du Québec, 2009
© 2009 Éditions Caractère

Gouvernement du Québec – Programme de crédit d'impôt pour l'édition de livres – Gestion SODEC

Nous reconnaissons l'aide financière du gouvernement du Canada par l'entremise du Programme d'aide au développement de l'industrie de l'édition (PADIÉ) pour nos activités d'édition.

Visitez le site des Éditions Caractère
editionscaractere.com

Table des matières

5   Préface

7   Avant-propos

9   Histoire de la vigne et du vin au Québec

13   Principaux cépages plantés au Québec

23   Les vins de glace :
sommet de la viticulture québécoise

27   Les principes de la dégustation
suivis de quelques exercices pratiques

35   Région des Basses-Laurentides

45   Région des Cantons-de-l'Est

85   Région du Centre-du-Québec

91   Région de Lanaudière

115   Région de la Montérégie

155   Région de Québec

Photo : iStockphoto.com

Préface

Lorsqu'au début des années 1980 nous caressions l'espoir de voir naître un jour une route des vins au Québec, nous étions souvent considérés, j'en suis sûr, comme de gentils marginaux. Presque 30 ans plus tard, les sceptiques ont été confondus. Au fil des ans, la vigne s'est profondément enracinée dans différents terroirs de notre Belle Province.

De par ses origines, ses convictions et son savoir-faire, le vigneron a su apprivoiser Dame Nature et extraire du sol québécois de magnifiques vendanges. Ces raisins, une fois vinifiés avec amour et passion, donnent une gamme de vins très diversifiée qui, année après année, ont su se démarquer lors de plusieurs concours nationaux et internationaux. Le Québec s'est alors affiché sur la carte des régions viticoles mondiales.

La viticulture, peu importe son implantation, est un métier où la facilité ne fait jamais partie du quotidien. Elle reste néanmoins un des métiers les plus gratifiants que je connaisse. Déguster un vin québécois, c'est découvrir le fruit de plusieurs mois et bien souvent de plusieurs années de travail acharné.

Sur ce chemin déjà parcouru et sur celui qu'il reste encore à faire, je tiens à remercier les femmes et les hommes qui ont fait, font et feront le *Québec viticole* pour que se poursuive la belle aventure.

Venez nous visiter, nous, les vignerons du Québec. Laissez-vous séduire en versant du vin québécois dans votre verre !

Charles-Henri de Coussergues
Président de l'association des
vignerons du Québec
29 janvier 2009

Avant-propos

DEPUIS QUELQUES ANNÉES, la viticulture québécoise est en pleine effervescence. Cet essor est le fruit du travail et de l'inventivité d'esprits tenaces et ambitieux. Ces derniers ont su tirer profit de la création de nouveaux cépages hybrides et des nouvelles techniques de culture, adaptées à notre climat rigoureux.

La viticulture québécoise qui a longtemps souffert de préjugés qualitatifs, a su innover, sans se décourager, pour relever les défis qui se présentaient à elle. Brillamment, elle y est parvenue. Ce qui est tout à son honneur ! C'est ainsi qu'elle s'affirme et qu'elle se taille une place bien à elle dans le monde du vin.

J'ai passé plusieurs mois à faire le tour des vignobles des membres de l'AVQ (Association des vignerons du Québec) qui ont répondu positivement à ma requête. J'ai visité les lieux, j'ai dégusté des vins et j'ai longuement échangé avec les heureux propriétaires-vignerons. Ils m'ont raconté leur histoire et m'ont fait partager leur passion. Avec délice, j'ai bu leurs paroles. C'est à une visite des vignobles que je vous convie, à une rencontre avec des vignerons bien de chez nous. Suivez leurs traces et surtout partez à la découverte de leurs produits. Ils sont sympathiques, débrouillards et peuvent se permettre d'être fiers. En effet, chacun à sa manière, participe au développement de la viticulture au Québec.

J'ai profité de ma tournée des vignobles pour récolter des informations concernant la spécificité des terroirs et des cépages cultivés dans nos contrées, sans oublier les techniques de vinification utilisées. À travers le récit de ces entrevues, vous vous initierez aux grands principes de la viticulture ainsi qu'aux étapes de la production d'un vin. Lors de mes visites, j'ai été étonnée de constater que les vignobles offraient de nombreuses activités aussi originales qu'agréables, que j'ai voulu également vous faire connaître. Ces suggestions, je le souhaite, vous inspireront et agrémenteront vos escapades dans ces jolis coins de pays.

Enfin, je me permettrais une petite suggestion. Comme la plupart d'entre vous, amateurs de vin, je déguste des rieslings d'Alsace, des sangioveses de Toscane, des pinots noirs de la Nouvelle-Zélande, des malbecs d'Argentine, et bien d'autres. Ces vins ont tous leur qualité, leur originalité ; c'est pourquoi, il nous serait impossible de les comparer entre eux. Nous n'oserions jamais confronter un chianti à un bourgogne. Pourquoi le ferions-nous avec un vin du Québec ? Cette règle, appliquons-la également aux vins d'ici. Cessons de les comparer et prenons-les tels qu'ils sont, dans tout ce qui fait leur charme et leurs spécificités. C'est dans cet esprit que j'ai rédigé mes notes de dégustation. Mes appréciations font donc référence à l'ensemble des vins québécois que j'ai eu l'occasion de découvrir et de savourer. Je vous souhaite donc les plus agréables rencontres et les plus belles découvertes qui délecteront assurément vos papilles !

JULIE PERREAULT

Histoire de la vigne
et du vin au Québec

« La vigne est une belle plante qui vient d'être introduite dans ce pays ;
sa culture n'est pas encore bien comprise parmi nous et doit être étudiée avec soin.
Ne vous laissez pas tromper par des spéculateurs, dont le seul but est
de vendre des vignes, disant que n'importe quelle espèce de vigne pousse
n'importe où et dans n'importe quelle circonstance ; c'est une plante plus
noble que la pomme de terre ou le blé d'Inde et si on la cultive comme
ces dernières, on sera certainement désappointé. »

Observations et directions de la culture de la vigne Beaconsfield,
vignoble établi en 1877, Pointe-Claire, Menzies & Cie.

CET EXTRAIT ATTESTE le caractère récent de la viticulture au Québec. Mais il témoigne également du noble statut qu'elle possédait, il y a plus d'un siècle. Aujourd'hui, à l'aube d'un tout nouvel essor de cette culture dans notre Belle Province, les avancées récentes dans le domaine ouvrent la voie à des possibilités naguère inconcevables.

La vigne en Amérique du Nord

La vinification date d'au moins 2500 ans avant Jésus-Christ. C'est du moins ce qu'atteste la découverte récente, dans le sud de la France, de vestiges d'un antique pressoir orné d'illustrations présentant une scène de vendange et d'extraction du jus à l'aide d'un pressoir.

En Amérique, la vigne poussait déjà à l'état sauvage, comme en Europe, avant qu'elle n'y soit domestiquée. La saga du viking Érik le rouge relate d'ailleurs la découverte, autour de l'an 1000, d'une terre d'Amérique qu'il nomme *Vineland*. D'après les cartes et descriptions de ces premiers aventuriers, cette terre mythique correspondrait vraisemblablement à l'Acadie ou au sud du Québec. Toutefois, le caractère éphémère de leur établissement et l'oubli dans lequel il sombra durant les siècles ultérieurs ne permirent pas aux Scandinaves de revendiquer la découverte de l'Amérique, laquelle demeure invariablement, pour la postérité, le haut fait de Christophe Colomb. Plus tard, en 1534, la présence de la vigne en Amérique du Nord fut confirmée par Jacques Cartier. Comme elle recouvrait entièrement l'Île-d'Orléans, il la baptisa Isle de Bacchus.

Dès les débuts de la colonisation, les Jésuites entreprirent des tentatives de vinification de la *Vitis riparia*, en vue de suppléer aux insuffisances de l'approvisionnement en provenance de France. De ce qu'on en sait, les résultats furent peu encourageants qualitativement. Champlain aurait aussi tenté de cultiver autour de l'habitation une espèce venue d'Europe, la *Vitis vinifera* (réputée pour ses fruits à vin et qui comprend notamment les cépages chardonnay et cabernet-sauvignon). Durant les 150 premières années, on tenta à maintes reprises de cultiver des souches *Vinifera* sur le sol québécois. Mais on ne tarda pas à y renoncer, étant donné les résultats infructueux que l'on obtint. À partir des années 1760, la présence britannique imposa l'importation de vins européens, ce qui coupa court à tout effort d'acclimatation du fruit de la treille dans les deux Canada pour encore un siècle.

Ce n'est qu'à la fin du XIXᵉ siècle que la viticulture prit un nouvel envol, à la faveur de l'arrivée de

Photo : iStockphoto.com

quille des années 1960 et du vent de libération qui l'accompagna, on s'ouvrit alors sans retenue à de nouvelles mœurs. Le vin prit enfin sa place dans nos habitudes alimentaires et sa consommation annuelle par personne passa de deux à dix litres en une trentaine d'années. Elle se situe aujourd'hui à près d'une vingtaine de litres.

Les nouveaux viticulteurs

Ces changements dans les habitudes de consommation s'accompagnèrent, à la fin des années 1970 et au début des années 1980, de l'émergence de la production artisanale de vins au Québec. Cette nouvelle vague de pionniers était mieux armée en connaissances et mieux équipée en technologie.

C'est à Dunham, dans les Cantons-de-l'Est que la nouvelle viticulture prit son essor. Une sélection d'hybrides mieux adaptés à notre environnement, mais aussi l'introduction de la technique du buttage et du débuttage mécaniques des pieds de vigne, par Charles-Henri de Coussergues et Hervé Durand (vignoble de L'Orpailleur), allaient nourrir de nouveaux espoirs. Cette technique empruntée aux pays de l'Est (dont le climat se rapproche du nôtre), consiste à soulever la terre au moyen d'un tracteur enjambeur pour recouvrir les pieds de vigne d'une butte de 35 à 40 cm de haut. Les ceps sont ainsi protégés contre les rigueurs de l'hiver. La technique inverse, le débuttage, permet de les libérer au printemps, lorsque les risques de gelées intenses seront écartés.

Grâce à ce procédé, plusieurs nouveaux cépages peuvent désormais être exploités au Québec. Inspirés de ces techniques, d'autres moyens furent mis au point pour parer aux effets du froid : toiles géotextiles, tailles qui permettent d'enfouir les plants sous le couvert de neige, souffleur à terre adapté, protection des pieds de vigne avec de la paille à l'automne, etc. Bref, les viticulteurs mirent toute leur inventivité au service de la culture de la vigne dans un climat rude. Tout au long de votre lecture, vous serez d'ailleurs à même de constater qu'il ne manque pas d'ingéniosité au Québec !

Jacques Cartier

cépages hybrides provenant de l'Ontario et des États-Unis (voir la section sur les cépages).

Le début du XXᵉ siècle marqua, à sa manière, les progrès de la viticulture québécoise. L'incitation à la tempérance, couplée à une situation économique défavorable et à la tragédie des deux guerres mondiales, eurent pour résultat de freiner considérablement l'élan de la viticulture chez nous. Plusieurs vignobles n'eurent d'autre choix que de mettre fin à leurs activités, si bien qu'il en resta moins d'une vingtaine, réparties dans les communautés religieuses situées à l'extérieur des grandes villes.

La période qui suivit la fin de la Seconde Guerre mondiale subit à la fois l'influence de l'immigration européenne (y compris des usages bachiques du Vieux Continent) et des « retours de guerre » qui avaient pris de nouvelles habitudes de l'autre côté de l'Atlantique. Sous la poussée de la Révolution tran-

La réalité climatique du Québec

Certes, notre climat continental nous impose des hivers rigoureux, mais ce n'est pas là la seule préoccupation des viticulteurs québécois. Nos étés très chauds et humides, à période végétative relativement courte, leur causent aussi du souci. En effet, à peine 5 % du territoire possède le privilège de bénéficier d'une période de 120 jours consécutifs sans gel. Les gelées tardives au printemps et nos premières gelées d'automne peuvent être dévastatrices. Il est donc primordial de trouver un emplacement où elles seront protégées contre les rigueurs du climat. C'est d'ailleurs pour cette raison que les cépages blancs, avec leurs besoins moins élevés en terme de période de maturation, sont avantagés sous nos climats, tout comme le sont la plupart des variétés de blanc dans les autres pays producteurs.

C'est également sur eux que repose principalement le dynamisme du marché viticole québécois, bien qu'on assiste à l'émergence de bons vins issus de cépages noirs. Des connaissances approfondies, des techniques de taille appropriées et un encépagement bien choisi ont depuis quelques années fait toute la différence sur le plan qualitatif. Les vins québécois ont longtemps souffert de préjugés, mais ils atteignent aujourd'hui de plus hauts standards de qualité et en surprendront plusieurs. Le viticulteur doit tenir compte des facteurs suivants : la topographie, la présence des plans d'eau, la provenance des vents, la nature des sols, etc. Selon l'endroit où il plante ses vignes, ses plants pourront ou non profiter d'une période végétative maximale. Il doit également identifier le type de cépage qui s'y adaptera le mieux : les plus précoces ou les plus tardifs.

Une fois l'environnement idéal déterminé, le viticulteur doit veiller à choisir les meilleures méthodes de culture : la distance entre les plants, la hauteur de la taille, la quantité de feuilles à laisser en place, etc. Tous ces facteurs jouent un rôle d'importance pour la qualité des fruits produits. Ainsi, il convient de planter les vignes dans les endroits qui favorisent le mieux le drainage des pluies et l'ensoleillement. On a recours notamment aux haies brise-vent pour faire obstacle aux vents trop vifs.

La commercialisation des vins québécois

Bien que nos viticulteurs ont su relever ce défi, le marché viticole québécois souffre encore aujourd'hui d'un désavantage du point de vue commercial. Vu le monopole détenu par la Société des alcools du Québec (SAQ), les producteurs artisans du Québec se heurtent à un processus de sélection des produits qui ne les avantage pas. Les vins québécois se trouvent mis en concurrence avec des vins venant des quatre coins de la planète. De plus, alors que la plupart des vignerons des vieux pays sont libérés de leurs dettes depuis longtemps, il n'en va pas de même pour ceux du Québec. Ces derniers doivent donc avoir les reins solides et des portefeuilles bien garnis pour se tailler une place dans un marché où certains concurrents sont établis depuis des siècles.

Outre le monopole de la SAQ, la législation actuelle limite également les viticulteurs à quelques points de vente autorisés, en plus de leur vignoble (cette possibilité est d'ailleurs assez récente). Ils peuvent ainsi profiter de l'espace de vente qu'offrent les marchés publics, les restaurants et les salons de promotion. Quoique conviviaux, ces points de vente confèrent à la viticulture une visibilité encore trop réduite. Puisque ces activités commerciales vont de pair avec le vin, plusieurs ont donc misé sur l'agrotourisme pour inciter les gens à se rendre dans les vignobles. Ils sont de plus en plus nombreux à ouvrir leurs portes et leurs bras. Ils font non seulement découvrir leurs produits, mais ils invitent aussi le public à visiter les lieux et à profiter des paysages environnants tout en se familiarisant avec le dur métier de vigneron.

Principaux cépages

plantés au québec

ELLE RAMPE ET S'AGRIPPE quand on la laisse à elle-même, mais elle se tient ferme et se dompte si elle est entretenue. Ses fruits sont à l'origine du breuvage divin, mais encore faut-il qu'il y ait communion entre sa personnalité, l'endroit où elle évoluera et les mains qui en tireront du vin. La vigne est une plante provenant du genre *Vitis*, lequel regroupe arbres et arbrisseaux sarmenteux de la famille des Vitacées. Plusieurs espèces y sont rattachées, la plus connue pour la production de raisins de cuve (destinés à l'élaboration du vin) est sans aucun doute celle des *Vitis vinifera*. Celle-ci englobe les cépages bien connus cabernet-sauvignon, pinot noir et chardonnay, pour ne nommer que ceux-là !

Qu'est-ce qu'un cépage hybride ?

L'espèce *Vitis vinifera*, originaire d'Europe, a traversé les frontières et certaines variétés se sont bien adaptées à leur nouvel environnement. Toutefois, d'autres variétés ont été créées par hybridation, c'est-à-dire par croisement de deux plants de vigne issus d'espèces différentes. Ainsi pour augmenter la résistance d'une variété de vigne issue de *vinifera*, on la croisera avec des plants de vigne issus de *riparia* ou encore de *labrusca*, afin de créer une nouvelle variété. L'objectif est simple : faire ressortir les meilleures qualités de chaque variété tout en réduisant leurs faiblesses. Ainsi, la résistance aux diverses maladies virales et parasitaires se trouve accrue. Il est donc possible d'obtenir un cépage de qualité et adapté aux conditions souhaitées. Les variétés ainsi développées contribuent d'ailleurs à l'originalité viticole québécoise.

Comment les hybrides sont-ils créés ?

C'est moins compliqué qu'il n'y paraît, la nature s'en charge parfois elle-même. En effet, une pollinisation naturelle croisée peut se produire sous certaines conditions propices lorsque des variétés différentes se côtoient. Mais le plus fréquemment, et surtout parce que cela permet un meilleur contrôle, l'hybride sera obtenu par la génétique. Sans tomber dans les détails techniques, la création d'un hybride par la génétique se fait par l'introduction de gènes spécifiques sur des chromosomes d'une autre vigne afin de créer une nouvelle variété. À noter que l'hybride ne peut provenir de parents issus d'une même famille de vigne. Dans ce dernier cas, il sera plutôt question de « métissage », comme c'est le cas du cépage sud-africain « pinotage », résultat d'un croisement entre deux variétés de *Vitis vinifera* : du pinot noir et du cinsault.

Cépage Sainte-Croix

Principaux cépages blancs plantés au Québec

Adalmiina

Développé par Elmer Swenson dans les années 1980, très résistant aux maladies, il donne des vins d'une belle fraîcheur. Certains lui reconnaissent une similarité avec le seyval blanc (autre hybride), et même le muscadet (Vitis *vinifera*) dans la Loire.

Cayuga

Développé dans l'État de New York, cet hybride a été obtenu par le croisement du schuyler et du seyval blanc. Il donne des vins légers aux parfums fruités très muscatés, souvent demi-secs, s'apparentant à certains rieslings allemands. Bien qu'il offre une excellente résistance aux maladies cryptogamiques, sa robustesse au froid n'est pas spectaculaire et lui fait perdre quelques points en matière de popularité au Québec. C'est pourquoi il est principalement cultivé en Ontario, dans certaines régions moins froides du Québec et un peu en Géorgie, chez nos voisins du Sud.

Chardonnay

Vitis vinifera fait la réputation des bourgognes et autres grands vins blancs de ce monde. Quelques acharnés arrivent à obtenir, à partir de ce cépage, des cuvées respectables, dont celui du vignoble Les Pervenches qui est même plutôt impressionnant. Arômes de pomme et parfois même de poire, agrémentés d'une touche florale parfois minérale, définissent la personnalité du chardonnay lorsqu'il croît dans un climat frais. Son affinité avec le bois lui permet aussi d'être à la base de cuvées plus charnues et charpentées.

Delaware

Ce cépage à l'acidité moins imposante est utilisé tant pour l'élaboration de vins secs, que pour celle des vins doux et mousseux. Issu d'un croisement entre les espèces *labrusca*, *vinifera* et *aestivalis*, sa grande sensibilité au mildiou et au phylloxéra est responsable du déclin de sa popularité en Europe. De plus, son arôme foxé (odeur animale) est très perceptible.

Delisle

Très résistant au froid, et ce, sans aucune protection, cet hybride blanc à maturité hâtive possède toutefois peu de vigueur. La production obtenue est plutôt faible et on lui reconnaît également une sensibilité accrue au phylloxéra foliaire.

Eona

Hybride peu productif caractérisé par ses baies de petite taille. Précoce et bien adaptée aux régions à courte saison végétative, cette variété très vigoureuse possède également une excellente capacité à résister aux grands froids. On devra toutefois porter une attention particulière à sa sensibilité à l'oïdium. Il se caractérise aussi par un goût légèrement foxé.

Geisenheim

Hybride obtenu par un croisement entre le chancellor et le riesling, il n'est pas le seul à provenir de variétés aux couleurs différentes. Certains seront peut-être surpris d'apprendre que le cabernet-sauvignon, puissant cépage bordelais, est en fait le résultat d'un croisement accidentel (naturel) entre le cabernet franc et le sauvignon blanc ! Le geisenheim fut développé à la station agronomique qui porte son nom, en Allemagne. Semblable au cayuga pour ses notes muscatées (qui rappelle le muscat), on lui associe parfois un côté minéral distinct, de même qu'une acidité généralement discrète. Mentionnons qu'il existe quelques variétés de ce cépage qui s'avèrent mieux adaptées au climat québécois.

Hibernal

Également obtenue à la station agronomique de Geisenheim en Allemagne, cette variété est surtout utilisée pour produire des vins de vendanges tardives, grâce à ses parfums à la fois fins et aromatiques. Plante délicate, elle tolère mal le buttage. C'est pourquoi, on utilise plutôt des toiles géotextiles lorsque les conditions climatiques environnantes ne peuvent l'épargner des froids intenses.

Kay Gray

Variété hybride dont la grande résistance au froid et aux maladies en tous genres en a fait un cépage à la culture aisée. Ses grappes sont petites et compactes abritant des baies de bon calibre, de couleur vert doré. Au Québec, l'atteinte d'une pleine maturité se déroulera entre la mi-septembre et la fin septembre, selon la zone de culture. Cela lui permettra facilement d'éviter les premières gelées d'automne.

La Crosse

Hybride américain issu du croisement du seyval blanc à d'autres variétés, il a été développé dans l'État du Wisconsin par Elmer Swenson, hybrideur bien connu au Québec pour les nombreux cépages qu'il a adaptés à notre environnement (plusieurs ne sont pas encore nommés, mais vous les reconnaîtrez par les lettres « ES », les initiales de leur créateur qui précèdent leurs numéros d'identification). Cet hybride est apprécié pour son excellente résistance au froid, de même que son débourrement précoce.

Louise Swenson

Il faut savoir qu'Elmer Swenson nomme ses cépages en fonction des événements qui ont marqué leur découverte (voyez d'ailleurs l'histoire du Sabrevois !). Pour sa part, celui-ci a été nommé en l'honneur de sa femme. Hybride obtenu à partir du kay gray et d'un autre croisement de son cru, ce cépage offre un rapport qualité/quantité intéressant. Très résistant à la plupart des maladies ainsi qu'au froid, il atteint également sa maturité juste avant le seyval blanc. Toutefois, il prend du temps à s'établir et il manque de vigueur. On aura donc avantage à le planter dans des sols fertiles. Léger et très

floral, il pourra gagner à être assemblé à des variétés plus structurées comme le prairie star et le delisle.

Muscat

Qu'il soit d'origine *Vitis vinifera* (p. ex. Muscat de Frontignan) ou issu d'une hybridation (Muscat de Swenson), le muscat est une famille de cépages auxquels on attribue des arômes muscatés. Ces arômes ressemblent à ceux de la rose, de la fleur d'oranger, de la pêche blanche, du miel et du pain d'épices.

Muscat de N.Y.

Dans la famille des muscats, celui-ci se distingue par sa peau colorée contrairement à ses homonymes. À l'origine de vins parfumés, on le retrouve en quantité respectable au Canada, notamment en Nouvelle-Écosse et au Québec. Délicieux en vin doux, il confère aux vins secs une belle prestance aromatique. Le muscat de N.Y. est bien équilibré en assemblage avec une variété à l'acidité plus marquée.

Ortega

Obtenu par Hans Breider à Würzburg en croisant du müller-thurgau (lui-même un croisement issu du riesling) et du siegerrebe, un cépage noir allemand. Il est très fertile et peut atteindre de bons rendements. Excellent raisin de table, il est toutefois sensible à la coulure, à la pourriture grise et aux maladies cryptogamiques. Surtout cultivé en Allemagne, on le retrouve également au Québec. Les vins qui en sont traditionnellement issus manquent toutefois d'acidité. Comme il n'est pas possible de pallier cette lacune en vendangeant les raisins plus tôt (comme on le fait souvent), on l'asemble à d'autres cépages plus acides. Par ailleurs, il donne des vins de vendanges tardives fort agréables.

Prairie Star

Contrairement au vandal-cliche, cet hybride rustique résiste bien à l'anthracnose et à l'oïdium, mais il présente des problèmes d'assimilation du bore, élément nutritif essentiel au bon développement des fruits. Ce problème aurait comme conséquence de réduire ses rendements de façon importante. C'est pourquoi, sa culture requiert souvent l'ajout de sel de bore, directement dans le sol ou en petites doses sur les feuilles.

Riesling

Vitis vinifera qui a acquis ses lettres de noblesse en Allemagne et en Alsace, a aussi prouvé son potentiel en obtenant des résultats fort intéressants au Québec. On le retrouve à Lanaudière, au vignoble Aux Pieds des Noyers, en Montérégie, au Domaine Saint-Jacques de même qu'aux Côtes d'Ardoise, à Dunham. Et il faut absolument déguster celui de monsieur Courville au Domaine Les Brome… Saisissant !

Saint-Pépin

Hybride très résistant aux froids extrêmes sans aucune protection particulière. Bon raisin de table, ce cépage produit des vins d'une excellente qualité, d'une bonne fraîcheur et pourvus de notes d'agrumes. Un excellent vin en est issu, vieilli en fût de chêne, il est produit par le Domaine les Brome dans les Cantons-de-l'Est.

Seyval blanc

Gouleyant et fruité, lorsqu'il est vinifié en sec, il peut parfois arborer les caractéristiques organoleptiques du chablis. En version demi-sec, il est moyen-

nement corsé, son caractère est franc et il est marqué par des odeurs d'herbes fraîches. Dans ce dernier cas, il s'apparente davantage au chenin blanc. Si toutefois sa fermentation se complète en barrique de chêne, il aura une structure et des parfums analogues aux vins issus du chardonnay.

Vandal-Cliche

Cépage hâtif et très fertile d'origine typiquement québécoise, son nom vient littéralement de celui de son créateur, le père Joseph O. Vandal. Très adapté aux vignobles de climat froid, raison pour laquelle on le retrouve en grande quantité ici, sa grande sensibilité au mildiou et à l'anthracnose nécessite toutefois un suivi étroit et une attention particulière, surtout dans les endroits plus humides. Il offre d'excellents vins, mais pour cela, une maturité complète est essentielle.

Vidal

Hybride utilisé pour produire des vins de tous les styles : des vins secs, demi-secs ou des vendanges tardives. Sa peau plus épaisse et résistante lui concède l'avantage d'être tout à fait approprié dans l'élaboration des divins vins de glace. Doté d'un fort potentiel alcoolique et de parfums fruités aux charmants arômes de citron, de pamplemousse et de limette il est devenu un cépage très prisé au Québec, mais aussi dans les autres foyers viticoles canadiens.

Principaux cépages noirs plantés au Québec

Baco Noir

Un des meilleurs hybrides noirs, celui-ci provient du croisement entre le piquepoul du Gers et le *Vitis riparia*, obtenu par François Baco en 1902. À l'origine de vins sombres et acidulés, on lui accorde de belles qualités. Comme le cabernet-sauvignon, il a le potentiel d'offrir des cuvées plus corsées grâce à sa structure. Un passage en fût de chêne lui conférera une texture plus soyeuse ainsi qu'une palette aromatique plus complexe. À surveiller, un clone* de ce cépage que les viticulteurs canadiens nomment « George », auquel ils associent des qualités supérieures à la souche originale.

* Un clone est directement issu d'une plante souche choisie pour ses qualités particulières. Ex.: le brunello est un clone particulier du sangiovese, le pinot noir de Dijon est également un pinot noir reconnu etc.

Cabernet Franc

Vitis vinifera est utilisé dans le Bordelais et dans la Loire en France. On en retrouve également dans l'État de New York, en Ontario et depuis peu, on en fait aussi croître quelques plants au Québec. Il se caractérise par des arômes de framboise, de fraise mûre, de violette et une touche végétale rappelant parfois le poivron vert. On lui associe aussi de subtiles notes épicées.

Chambourcin

Cépage hybride que l'on retrouve dans certains terroirs européens, le chambourcin peut produire des vins rouges d'excellente qualité. On lui attribue notamment des arômes de sous-bois, d'épices et de cerise, comportant aussi une note légèrement herbacée. À l'origine de vins moyennement corsés, certains spécialistes lui accordent une ressemblance avec certains vins issus de pinot noir.

Chancellor

Il s'agit du tout premier hybride à être cultivé en France après sa commercialisation en 1920, mais il est toutefois sensible à l'oïdium. La concurrence générée par d'autres cépages de meilleure qualité lui a fait perdre du galon, et ce, malgré sa riche coloration (plus coloré que le cabernet-sauvignon). Il peut donner d'excellents vins rouges et rosés, aux notes de fraise et de cerise, et sa délicate amertume typique en finale lui confère un certain côté rafraîchissant. Il est davantage reconnu dans le nord-est des États-Unis, en Ontario et au Québec, mais n'est presque plus cultivé en France.

Cabernet Severnyi

Hybride développé en Russie par le croisement de cabernet (*Vitis vinifera*) et de severnyi (*Vitis amurensis*) dans le but d'en faire une variété plus résistante au froid. Il confère au vin une bonne intensité colorante et aromatique. On l'utilise en assemblage pour rehausser la structure des vins plus légers. Il est souvent comparé au mitchurinetz.

Plantation de maréchal-foch

De Chaunac

Ce cépage très productif a l'avantage d'être assez résistant aux maladies quoiqu'il soit sensible à l'oïdium. Au Canada, il a déjà été reconnu sous le nom de « cameo ». Il est à l'origine de vins rouges souples et tout en fruits. Lorsque le contrôle des rendements se fait sévère, il devient alors possible d'en retirer un vin plus structuré et moyennement tannique.

Frontenac

Le frontenac est une création de l'Université du Minnesota aux États-Unis. Il est très vigoureux et prolifique. Il s'établit rapidement et peut offrir des rendements forts considérables dès sa troisième année de culture. Bien bichonné puis cueilli à parfaite maturité ; richesse, densité, de même qu'un parfum typique de cerise

noire seront au rendez-vous dans votre verre. Également moins apte à offrir des niveaux d'acidité élevés, ce trait de personnalité lui vaudra certains avantages quoiqu'en revanche, il soit aussi peu tannique.

Gamay

Le gamay appartient à l'espèce *Vitis vinifera*. Il est bien connu dans la région du Beaujolais en France, on en retrouve quelques plants au Québec, notamment au Domaine des Côtes d'Ardoise (Cantons-de-l'Est) et au vignoble Morou (Montérégie). Léger et pourvu d'une bonne acidité, il se caractérise par ses parfums de fraises et de framboises.

Lucie Kuhlmann

Hybride de la même origine génétique que le léon-millot (hybride noir considéré aux États-Unis comme le meilleur des *french hybrides* cultivés), il se caractérise par ses petites baies bien sphériques, à la peau noire bleutée et à la chair pulpeuse. Hâtif, vigoureux, mais peu productif, on le retrouve surtout aux États-Unis et au Québec où il fut jadis confondu avec le maréchal-foch. Offrant des vins très colorés à l'arôme de mûre, on l'utilise le plus souvent en assemblage afin d'en obtenir un vin plus complexe.

Maréchal-Foch

Cépage hybride obtenu par un croisement de diverses variétés issues des espèces *vinifera, riparia* et *rupestris*. Il a été créé par Kuhlmann (d'où la fausse dénomination qui lui était attribuée jadis, le cépage Lucie Kuhlmann). Ce cépage s'adapte bien aux climats frais où il donne des vins pourvus d'une certaine acidité tout en demeurant équilibrés. Il résiste bien au mildiou, mais moins à l'oïdium du fait de sa précocité. Son fort potentiel alcoolique ainsi que sa structure assez charpentée en font un cépage de choix pour l'élaboration de vins rouges de qualité. Cependant, une certaine rudesse et une note herbacée altèrent son goût lorsqu'il n'est pas vendangé à parfaite maturité. Bien entendu, il fait partie des cépages noirs les plus populaires du Québec.

Merlot

Originaire de la région de Bordeaux (quelques plants à l'origine de cuvées expérimentales font également partie du paysage québécois). Le merlot appartient à l'espèce *Vitis vinifera*. Des notes de fruits rouges et une touche herbacée le définissent lorsqu'il croît en région de viticulture au climat froid.

Le rendement à l'hectare

La taille de la vigne permet son entretien et le contrôle du nombre de grappes souhaités par pied. Moins elle produira, plus les fruits en seront concentrés. C'est un facteur qualitatif important qui aura également un impact sur les coûts de production et bien entendu, le prix du vin produit. On l'exprimera en quantité de liquide obtenu par superficie de vigne plantée. Ex. 50 hectolitres (1 hl = 100 litres) par hectare (1 ha = 10 000 mètres carrés ou l'espace qu'occuperaient 2 terrains de football, ou encore 90 hectolitres par hectare). Retenez que plus la quantité de liquide produit est basse, plus vous risquez de tomber sur un vin riche et concentré. Le premier exemple pourrait représenter la moyenne pour les vins d'origine protégée en France et le second, celle des vins-de-pays de la même région. Enfin, un vin liquoreux comme le sauternes pourra être issu d'une récolte avoisinant les 15 hectolitres à l'hectare.

Mitchurinetz

Variété hybride d'origine russe cultivée dans certains terroirs des Fingers Lakes (État de New York) ainsi que de la Nouvelle-Écosse (Canada), on trouve aussi quelques plants en sol québécois. On lui associera certaines similarités avec le cabernet severnyi, autre hybride développé en Russie.

Pinot Noir

Il appartient à l'espèce *Vitis vinifera*, il est roi et maître des meilleurs vins de Bourgogne rouges et continue à gagner des adeptes dans bien d'autres terroirs situés aux quatre coins de la planète vin ! On lui attribue, selon son origine, des notes de fraise et de cerise, de même qu'une délicatesse et une complexité aromatique lorsqu'il est cultivé d'une main de maître en région propice. Quelques cuvées expérimentales sont à prévoir d'ici peu au Québec. On en retrouve déjà quelques plants, notamment au Domaine les Brome et au Domaine Saint-Jacques. Nous verrons bien ce que l'avenir leur réserve !

Sabrevois

Hybride d'excellente qualité créé par le généticien Elmer Swenson, au Minnesota. Confié à des viticulteurs québécois lors des premières expérimentations, il porte d'ailleurs le nom du village d'origine de Gilles Benoît, natif de Sabrevois en Montérégie. Il est facile à cultiver en plus d'être doté d'une bonne rusticité, ce qui lui confère les qualités nécessaires pour résister à des froids extrêmes de même qu'à la plupart des maladies. Les sols pauvres et secs ainsi que les carences en potassium ne lui conviennent pas. Il mûrit hâtivement à la mi-saison et son potentiel alcoolique est intéressant. Ses vins sombres, pourvus d'une trame tannique intéressante, pourraient rappeler certains vins issus de la famille des *Vitis vinifera*, notamment certains rouges de la Loire.

Sainte-Croix

Implanté au Québec depuis les années 1980, il possède un coefficient de rusticité similaire au sabrevois, mais sa résistance aux maladies est moindre. Extrêmement vigoureux, ses ports tombants (parties végétales où les grappes sont retenues) nécessitent un travail manuel plus exigeant pour le vigneron. Il offre des vins à l'acidité bien dosée en plus d'être doté d'un goût fruité croquant. Il expose aussi une structure tannique souple et gouleyante.

Seyval noir

Présent au Québec, mais plus rare, dû à une rusticité relativement faible, ce cépage est également sensible à diverses maladies. Les vins qui en sont issus à 100 % sont assez légers, d'une intensité colorante plutôt claire, et pourvus de notes de fraise fraîche.

Zweigelt

De plus en plus populaire en Autriche (où on l'assemble notamment avec du cabernet-sauvignon), des vignerons d'ici ont déjà commencé à s'intéresser à ce cépage. Nul doute qu'il pourra en surprendre plusieurs ! La nature fruitée et les parfums de cerise du zweigelt, de même que sa structure intéressante, nous porte à croire qu'il fera bientôt sensation en sol québécois.

Les vins du Québec | Principaux cépages plantés au Québec

Les vins de glace :
sommet de la viticulture québécoise

POUR TOUTE RÉGION VITICOLE, le climat qui la caractérise a une influence certaine sur le style des vins qui y sont élaborés. Au Québec, bien que la froidure de notre saison hivernale ait son lot de désagréments, elle concède toutefois un avantage certain dans la production d'un produit raffiné et distinct : le vin de glace.

C'est vers la fin du XVIIIe siècle qu'a été produite, par hasard, la première cuvée de vin de glace. C'était en 1794, dans une région de l'Allemagne appelée Franconie. Surpris par une gelée précoce, les producteurs décidèrent de procéder tout de même à la vinification de cette vendange gelée. Ils furent agréablement surpris du résultat.

Depuis, cette technique s'est raffinée et on l'a appelée *Eiswein* dans son pays fondateur. Les principaux pays producteurs en Europe sont d'ailleurs l'Allemagne et l'Autriche. La région de l'Alsace, en France, en produit encore en quelques rares occasions. La production de vin de glace est limitée dans ces régions, car le mercure ne descend pas toujours suffisamment pour assurer la concentration nécessaire des sucres, acides et arômes. Les vignerons ne peuvent donc pas en élaborer tous les ans.

Le Québec possède un climat plus propice à la production de ce type de vin en raison de ses hivers au froid rigoureux. On remarque d'ailleurs que de plus en plus d'artisans québécois se lancent, avec succès, dans cette noble production. La succession de médailles obtenues dans divers grands concours internationaux confirme, année après année, notre réussite. Avec l'Ontario et la Colombie-Britannique, le Québec s'est assurément taillé une place de choix parmi les producteurs de ce délicat nectar.

Au vignoble les Petits Cailloux, des raisins gelés du cépage maréchal-foch. Ils seront bientôt récoltés en vue d'élaborer un délicieux et rare vin de glace rouge.

Au sortir du pressoir, les peaux des raisins congelés dont on vient d'extraire le nectar.

Le jus des raisins gelés est très concentré en sucre et donc très dense. C'est pourquoi, il s'écoule très lentement.

L'obtention du fameux nectar

Ce qui permet l'obtention de ce vin si distinct réside dans le respect d'un long et délicat processus de sur-maturation des fruits qui doit se compléter de façon entièrement naturelle. D'ordinaire, au Québec, les vendanges se déroulent de la mi-septembre à la mi-octobre. Or les vendages du vin de glace ont lieu quelques semaines plus tard. Pour protéger les raisins déjà bien mûrs et gorgés de sucre, les vignes sont enveloppées de filets protecteurs, sans ces derniers les oiseaux ne feraient qu'une bouchée de la récolte. Les filets permettent également de retenir les grappes qui tombent sur le sol et facilitent par le fait même la récolte.

Patience et rigueur sont alors de mise, puisqu'il faut attendre que le mercure descende sous les − 8 °C avant de procéder à la récolte. La plupart des vignerons attendent toutefois que le mercure tombe sous les − 8 °C durant au moins deux jours consécutifs pour s'assurer d'une concentration en sucre idéale. Sous la barre des − 12 °C, les fruits sont trop durs et gelés ce qui rend le travail d'extraction du nectar très ardu.

C'est alors que la dernière étape de l'opération débute. Les vendangeurs, chaudement habillés, recueillent toutes les grappes gelées et les portent au pressoir. Le riche liquide obtenu est extrêmement concentré en sucres, en acides et en arômes, car une bonne partie de l'eau des fruits, qui s'est cristallisée sous l'effet du froid, a été éliminée.

La concentration en sucre avant la fermentation doit absolument être égale ou supérieure à 32 degrés Brix, comme c'est la règle pour tous les producteurs de vin de glace. L'échelle de Brix sert à déterminer la quantité de sucre présent dans un produit liquide. Sa valeur correspond grosso modo au pourcentage de sucre qui se trouve dans les fruits, donc dans ce cas-ci, autour de 32 %. Après la fermentation, on doit aussi retrouver un minimum de sucre résiduel, correspondant à au moins 125 grammes par litre. Bien entendu, aucun ajout de sucre n'est autorisé. De même, pour avoir droit à l'appellation vin de glace, il faut que les raisins terminent leur maturation au grand air sur leur vigne (ou dans les filets qui les retiennent).

Les cépages utilisés pour sa production sont en grande majorité des blancs. Le vidal, pour sa résis-

tance au froid et sa capacité à mieux retenir les grappes, malgré un mûrissement avancé, est très apprécié des producteurs canadiens. En Europe, on utilise le riesling. Certains viticulteurs de l'Ontario et de la Colombie-Britannique l'utilisent également. Au Québec, le vidal est nettement dominant sur la scène des vins de glace. Certains vins de glace sont également élaborés avec le vandal-cliche. Quoique plus rares, il vous sera également possible de retrouver chez nos artisans, des versions rosées et rouges de ces divins nectars, des produits on ne peut plus originaux.

Un produit de luxe

Le vin de glace est un produit rare et dispendieux, le soin que l'on doit apporter à chaque étape de la production de ce délicieux breuvage en est la cause. Pour vous donner une idée, une vendange régulière sur un pied de vigne permet de produire environ un litre de vin. Lorsqu'on fabrique du vin de glace, cette proportion est réduite à un seul verre.

Nous pouvons nous estimer chanceux que nos produits se détaillent encore à des prix que l'on doit considérer abordables. Sachez qu'il faudra parfois débourser plus de 200 $ pour un eiswein allemand, alors que pour un vin de glace québécois ou canadien, le prix se situe autour de 60 $. Une nouvelle tendance tend aussi à se populariser chez nous : de plus en plus de producteurs offrent cette denrée rare en plus petit format (200 ml) soit environ deux verres. Le vin de glace devient ainsi un peu plus accessible au prix de vente et il saura charmer encore plus les palais les plus exigeants !

Les principes de la dégustation

suivis de quelques exercices pratiques

SI VOUS ÉTIEZ PRODUCTEUR de vin, vous n'hésiteriez pas à être très analytique et critique en faisant la dégustation de votre propre cuvée, afin de vous assurer que le vin réponde à vos standards de qualités et aux attentes des consommateurs. C'est pourquoi la dégustation constitue pour le vinificateur une étape importante de la vinification. Mais en tant qu'amateur, la dégustation devient le moyen par lequel nous pouvons nous rapprocher de ce produit de la terre, par le biais des expériences sensorielles qu'il nous procure. La dégustation des vins fait naître en nous une succession d'émotions, parfois bonnes et parfois mauvaises, selon nos goûts, mais elles nous permet, à force d'expériences, de mieux connaître nos goûts mais aussi, de magnifier les accords avec les mets. Bref, au fur et à mesure que notre mémoire olfactive et gustative se développe et devient capable d'établir des liens entre un souvenir olfactif ou gustatif et un cépage, une région, un style de vin, plus il devient aisé de faire des accords mets et vins harmomieux. Ainsi, cette banque de souvenirs nous facilitera la tâche lorsqu'il sera question d'agencer les vins avec la myriade de parfums, de textures et d'intensités savoureuses qu'offrent la cuisine moderne.

Suis-je un bon dégustateur ?

À moins d'être dépourvu d'un ou de plusieurs sens (mis à part l'ouïe qui n'intervient que dans de très rares occasions), le plaisir de la dégustation s'ouvre à tous. Certains arômes, saveurs ou textures, s'avèrent parfois difficiles à percevoir, mais avec un peu d'entraînement, il est possible de les détecter et de les mémoriser. Ce qui est heureux dans tout cela, c'est qu'il n'est jamais trop tard pour s'y adonner ! Pour ceux et celles qui ne savent pas par où débuter, les quelques informations qui suivent vous mettront plus à l'aise avec l'art de la dégustation. Alors au travail, voici votre coffre à outils :

▸ La vue

L'analyse visuelle de la robe d'un vin peut en dire long sur celui-ci. Bien entendu, elle révèle sa couleur, mais elle nous founit aussi des indices concernant le ou les cépages utilisés, les soins apportés lors de la vinification et de l'élevage ainsi que la maturation de ce dernier. Ainsi, un vin blanc qui aurait une nuance assez dorée pourrait mettre le dégustateur sur la piste d'un vin qui a profité d'un passage en fût de chêne ou encore qui a déjà quelques années d'évolution. Ou encore, la couleur intense aux reflets pourpres d'un vin peut révéler sa jeunesse, alors qu'un vin rouge de couleur claire pourrait nous mettre sur la piste d'un cépage aux propriétés colorantes moins importantes ou d'une période de cuvaison (temps de macération des peaux dans le jus) plus courte. Des reflets orangés seront un signe de maturation. Mais bien entendu et en premier lieu, l'analyse visuelle permet de s'assurer que le vin est limpide, soit exempt de particules en suspension ou d'un voile, qui pourrait être le signe d'une prolifération bactérienne.

▸ L'odorat

C'est le plus voluptueux des sens... en dégustation ! Bien que cela se passe à l'intérieur de la cavité buccale, les particules aromatiques qui carcatérisent le vin sont captées par le bulbe olfactif, une zone sensible qui se situe en haut des fosses nasales. Les arômes sont perçus de deux façons : par olfaction directe, lorsque le vin a la richesse aromatique nécessaire, mais aussi par rétro-olfaction, c'est-à-dire par l'afflux de molécules volatiles vers le bas du conduit nasal, une fois que le vin est en bouche. C'est pourquoi, il est essentiel de ne prendre qu'une petite gorgée de vin lors de la dégustation (mais suffisament !), afin de vous permettre de bien en tapisser l'intérieur de votre bouche tout en le laissant en contact avec l'air. De même, lorsque l'on prévoit déguster plusieurs vins, il est préférable de recracher le vin comme le font les professionnels. Le fait de ne pas avaler le vin n'altère en rien la dégustation.

Les informations que nous donneront ces étapes sont essentielles à notre appréciation du vin. Peu de gens le savent, mais la sensibilité de l'odorat est considérée comme étant au moins 10 000 fois plus grande que celle du goût, probablement parce que les parfums et les arômes sont beaucoup plus nombreux et complexes que les saveurs de base, lesquelles, comme on le sait, sont au nombre de quatre (cinq avec l'umami pour ceux qui sont en faveur du professeur japonais qui l'aurait identifié).

▸ Le goût

La langue est le seul organe capable de ressentir les stimulations gustatives **des quatre saveurs primaires**. Il est des plus intéressant pour le dégustateur de bien les identifier, grâce notamment aux réactions qu'elles provoquent en bouche.

1. Le sucré

Lorsqu'un vin possède une certaine trace de sucre résiduel, le goût sucré sera perçu, notamment sur le bout de la langue. La présence du sucre provoquera également la sécrétion d'une salive épaisse et visqueuse. Elle sera également responsable d'une texture générale plus ample en bouche, parfois même onctueuse lorsqu'il s'agira d'un vin de dessert très sucré par exemple.

2. Le salé

Certains vins auxquels on associera des arômes « minéraux » peuvent à l'occasion se dévoiler avec une saveur saline. Elle sera perçue particulièrement sur les côtés de la langue et provoquera la sécrétion d'une salive filante.

3. L'acidité

Élément structural d'importance dans les vins, la saveur acide contribue notamment à conférer un aspect rafraîchissant et désaltérant au vin. Elle est aussi la saveur qui apportera un équilibre, notamment pour balancer l'effet du sucre et éviter que le vin ne paraisse trop lourd ou mou. L'acidité est perçue davantage sur les côtés de la langue et fait sécréter une salive abondante et fluide.

4. L'amertume

Également garante d'un bon équilibre structural dans un vin, elle participe à lui donner du corps si elle est bien dosée. Toutefois, elle ne devra pas être dominante. Surtout perçue par une zone située à l'arrière de la langue, la salivation n'en sera pas affectée mais sa perception est toujours plus tardive que les autres goûts, en raison de la localisation des papilles responsables de sa détection.

▸ Le toucher

En dégustation, les stimulations tactiles sont perçues par une bonne partie de la langue et de la bouche. Outre la texture plus grasse ou plus filante que prendra le vin, l'une des principales sensations tactiles est ce que l'on appelle l'astringence. Elle engendre une impression de dessèchement et de rugosité à l'intérieur des parois buccales. Cette sensation est provoquée par une perte de pouvoir lubrifiant de la salive causée par les tannins de certains vins rouges. Elle prendra une forme différente en matière d'intensité et de persistance selon le vin dégusté. À cet effet, il est bon de savoir que cette perception s'assouplit au fur et à mesure que le vin vieillit en bouteille, en cuve ou en fût. D'autres impressions tactiles pourront également être ressenties : la chaleur de l'alcool, sa « consistance », le picotement que confère l'effervescence d'un vin mousseux, la température de service, etc.

La technique de dégustation

Lorsque vous pratiquerez la dégustation, assurez-vous d'avoir une quantité raisonnable de vin en bouche. Brassez-la convenablement pour imprégner l'ensemble de votre cavité buccale, en la conservant au moins quelques secondes.

Votre analyse devra porter sur les points suivants :

- l'équilibre entre les arômes et les saveurs ; l'équilibre ou la prédominance des saveurs primaires, soit le sucré, l'acidité, le salé ou l'amertume ;
- les impressions tactiles sur la forme du vin (texture, corps, structure, alcool, astringence, température…) ;
- la persistance de ces impressions, que l'on qualifie de « longueur en bouche ».

Le dégustateur traduit ce qu'il ressent en recherchant des modèles de comparaison dans son environnement. Porter attention aux arômes qui meublent votre quotidien vous permettra de développer votre répertoire olfactif. En automatisant cette démarche simple et en mémorisant le plus d'informations possibles à chaque dégustation, vous pourrez améliorer considérablement l'acuité de votre palais, tout en faisant d'intéressantes découvertes concernant vos goûts et préférences. Votre habileté à mieux marier les vins et les mets en sera décuplée, car vous serez en mesure de créer un accord qui présente un équilibre et une complémentarité entre le plat et le vin.

Activités de familiarisation

La détection des quatre saveurs primaires

Une activité toute simple peut vous aider à mieux cerner et expliquer vos perceptions en dégustation. L'idéal est de commencer par l'analyse des quatre saveurs primaires, tout en vous concentrant sur les interprétations que vous en ferez. Prenez quatre petits contenants (cela peut être des verres à dégustation), dans lesquels vous disposerez de l'eau la plus exempte possible d'arômes. Dans chacun des contenants, ajouter en petites quantité les éléments suivants :

- quelques gouttes de jus de citron pour l'acidité ;
- un comprimé d'Aspirine pour l'amertume (ou simplement un soda tonique dont les bulles de gaz carbonique ont été dissipées) ;
- une à deux pincées de sel pour le salé ;
- une cuillerée à thé de sucre pour le sucré.

Amusez-vous ensuite à déguster ces solutions, comme vous le feriez pour un vin. Outre leurs goûts différents, il sera aussi bien important de vous concentrer sur la texture que prendrons chacune des solutions en bouche, de même que le moment où se manifesteront ces perceptions. Ainsi, vous comprendrez que l'acidité se manifeste en attaque (dès les premiers instants) alors que l'amertume est plus lente et persiste plus longuement en bouche. Il en sera de même lorsque vous percevrez ces saveurs primaires dans un vin. La solution sucrée quant à elle prendra une texture plus grasse.

Pour améliorer votre seuil de perception

Une fois que vous reconnaîtrez sans peine les quatre saveurs primaires, augmentez le niveau de difficulté pour améliorer votre seuil de perception. Il suffit de reprendre le même exercice en diluant de plus en plus les saveurs (ajoutez de plus en plus d'eau dans chacune des solutions).

Les accords vins et mets

Si vous croyez que l'art de marier vins et mets est un art réservé aux spécialistes, détrompez-vous ! Comme tout agencement, un certain raisonnement est nécessaire, mais en suivant quelques principes généraux, le plaisir qu'offre un accord réussi et la convivialité qui l'accompagne est accessible à tous.

Une démarche toute simple

D'abord et avant tout, votre goût personnel dictera l'orientation de l'accord. Si, par exemple, un type de vin ne vous convient pas, inutile de vous forcer, vous n'en retirerez aucun plaisir. Pour le reste, voici les principaux points qui vous aideront à faire un choix éclairé.

▸ Premier principe

Équilibrez l'intensité du goût du vin à celle du mets. Si l'un est trop puissant par rapport à l'autre, l'harmonie sera douteuse et ne permettra pas aux deux éléments de s'exprimer dans une mise en valeur mutuelle. Par exemple, si vous servez de délicats pétoncles avec un vin blanc puissant et boisé, il y a fort à parier qu'il sera le seul aliment que l'on goûtera pleinement et le coquillage restera dans l'ombre de celui-ci.

Exception : ce principe n'a pas à être respecté si la nourriture servie est très épicée (ex. : cuisine mexicaine, cajun, etc.). Un vin léger et rafraîchissant (peu boisé, non tannique) aura, à cet effet, un rôle désaltérant bienvenu.

▸ Deuxième principe

Harmonisez les arômes similaires et complémentaires. Vous serez en mesure de magnifier l'accord lorsque les parfums dominants du vin et du plat se compléteront. Par exemple, un vin rouge dont les parfums de fruits rouges sont marqués fera un excellent lien avec une viande nappée d'un coulis ou d'une sauce à la personnalité similaire. D'autres parfums seront quant à eux complémentaires. Par exemple, les vins boisés ou aux notes de sous-bois se plairont avec les préparations composées de champignons. Plusieurs autres possibilités existent, à vous de laisser aller votre imagination. Imaginez-vous en train de cuisiner et, demandez-vous si les parfums du vin s'harmonisent à votre plat ou s'ils le complètent. De cette façon vous serez rarement déçus, mais surtout vous ferez de belles découvertes !

Note : certains éléments en cuisine risquent de dénaturer le vin. Il faudra donc veiller à les remplacer ou à tout le moins, à les utiliser en quantité limitée. Ainsi, soyez prudent avec l'ail et le vinaigre. Une entrée de saumon fumé sera excellente avec un blanc sec et rafraîchissant ou un mousseux, mais l'appréciation de votre vin sera altérée si vous avez inondé l'assiette de câpres…

▸ Troisième principe

Unissez les aliments qui présentent des textures complémentaires. Une fois que vous aurez maîtrisé l'aspect textural que peut prendre un vin en bouche (mince, ample, gras ou onctueux), vous serez en mesure de mieux l'agencer à la texture de votre plat. Le jeu des textures a pour objectif de ne pas choquer le palais. Si vous servez par exemple un filet de saumon, considérez sa chair grasse. Un vin à l'acidité plus discrète (qui offre une texture plus ample et grasse) par exemple un blanc qui aura profité d'un passage en fût de chêne. Imaginez maintenant servir un vin rouge très tannique et asséchant avec une viande coiffée d'une sauce à la crème. Faites le test, si votre imagination ne suffit pas, mais il est fort probable que la sauce prenne une texture presque poudreuse en bouche au contact du puissant vin rouge. Tous ces aspects devront être pris en considération lors de vos choix. Portez une attention particulière à la texture des aliments lors de vos repas. Si la théorie peut donner de bons indices, la pratique reste encore la meilleure chose à faire. Ces informations vous seront plus que bénéfiques lors de vos prochaines tentatives !

Note : dans certains cas, il est préférable d'y aller par opposition dans l'agencement des textures. Le meilleur exemple est celui de la fondue au fromage suisse, avec laquelle on serait tenté de servir un blanc plus gras pour l'épouser. Toutefois la richesse en matières grasses du fromage sera dans ce cas mieux équilibrée par un vin blanc à l'acidité plus imposante, comme si l'on cherchait à « l'alléger ».

Comment déterminer la texture des plats :

- Considérez la texture de la matière première de votre plat, avant de le cuisiner ;

- Imaginez l'impact du mode de cuisson de votre plat : une viande bouillie sera plus souple qu'une viande grillée ;

- Considérer le temps de cuisson de votre viande : un steak saignant est plus souple et savoureux qu'un steak bien cuit ;

- Y aura-t-il une sauce ? Celle-ci peut déterminer sur la texture finale d'un plat. Une viande sans sauce sera plus sèche, alors qu'une sauce au vin avec un fond de volaille, de veau ou de bœuf, ajoutera une texture différente et une saveur saline au plat ; une sauce à la tomate aura des notes de fruits rouges et une acidité plus importante qu'une sauce à la crème ou au fromage qui sera beaucoup plus onctueuse.

Activité de familiarisation d'accords vins et mets

Pour vous aider à mieux comprendre, vous pouvez facilement faire quelques tests à la maison. Le jeu pourra être très instructif et très plaisant si vous le faites en famille ou entre amis… comme l'est le partage d'une bonne bouteille !

Procurez-vous quatre vins correspondant aux descriptions suivantes :

- un vin blanc sec, non boisé, à l'acidité marquée (un seyval blanc du Québec, un muscadet de la Loire, ou encore un trebbiano italien) ;
- un vin blanc demi-doux à doux, donc pourvu d'une petite trace de sucre résiduel (certains vins allemands ou alsaciens feront l'affaire, assurez-vous qu'ils comportent assez de sucre résiduel pour bien se distinguer du premier) ;
- un vin rouge léger tout en fruit, non tannique et non boisé (plusieurs rouges du Québec pourraient faire l'affaire, ou encore un gamay du Beaujolais, un pinot noir en « vin-de-pays » ou un valpolicella) ;
- un vin rouge très tannique et asséchant (un vin issu du cépage tannat par exemple, ou un vin de Bordeaux assez charpenté).

Vous pourrez ensuite rassembler les éléments suivants :

- des quartiers de pomme ;
- du sel ;
- du sucre ;
- des quartiers de citron.

Amusez-vous maintenant à faire des tests. Dans un premier temps, notez vos impressions quant à l'intensité des saveurs, la présence d'une saveur fondamentale dominante qui en ressort, leurs arômes dominants et leurs textures respectives.

Les combinaisons sont multiples, mais amusez-vous d'abord avec les suivantes :

- Prenez une bouchée de pomme seule et une gorgée du premier blanc. Faites la même chose avec le second vin blanc et notez les différences. Vous constaterez que vos perceptions initiales ne seront pas les mêmes, ce qui est dû à l'influence des saveurs de la pomme (acidité et sucré). Refaites l'expérience en ajoutant du sucre sur la pomme. La perception de l'acidité du premier vin en sera amplifiée au point de devenir dérangeante, alors qu'un équilibre se créera avec le second blanc. Essayez ensuite avec un peu de sel sur un autre quartier de pomme, puis prenez une gorgée de chacun des deux blancs. Tandis que peu de différences seront notables dans le cas du premier vin, le contraste sucré-salé et l'équilibre entre l'acidité et le sucre de la pomme se révélera séduisant dans le cas du deuxième.

- Prenez maintenant une gorgée du premier vin rouge. Notez votre perception de ses parfums fruités. Prenez ensuite quelques grains de sel que vous mettrez sur votre langue, puis reprenez une gorgée de ce même vin rouge. Son fruité en sera alors plus marqué. Vous pouvez également faire le test avec un peu de citron, vous verrez que la qualité du vin n'en sera pas du tout altérée.

- Prenez maintenant une gorgée du vin rouge tannique. Surtout pris seul, son aspect asséchant est probablement très imposant. Goûtez légèrement le quartier de citron, puis reprenez une gorgée de ce même vin rouge.

Vous constaterez que cette perception asséchante s'est beaucoup estompée, et que le vin paraît soudainement plus gras et plus fruité. Le sel quant à lui, ne provoquera pas d'amélioration avec le rouge tannique.

Note : pour bien réussir cet exercice, il est important de reprendre une gorgée du vin dégusté avant chaque nouvelle tentative, afin de rebalancer le pH de notre bouche. L'impact en sera amplifié.

À vous maintenant de tirer vos conclusions

Ces petites expériences ont pour objectif de vous faire remarquer certaines évidences qui vous aideront à mieux agencer les vins et les mets. Ainsi de façon générale :

- un vin à l'acidité élevée se mariera mieux à un aliment également pourvu d'une dose d'acidité (pensez à un poisson à chair maigre rehaussé d'un trait de jus de lime en compagnie d'un rafraîchissant vin blanc non boisé, ou encore d'un rouge léger et désaltérant avec un poulet à la sauce tomate) ;

- un vin blanc pourvu d'un sucre résiduel aura une texture encore plus onctueuse servi avec un aliment acide. Il faudra alors faire atention aux chocs de texture et à nos seuils d'appréciation ;

- un vin rouge fruité accompagné d'un aliment à la saveur saline s'en trouve magnifié : ses notes de fruits sont mises de l'avant. Pensez à l'accord simple et savoureux qu'offrent les charcuteries ou certains fromages salins à un vin rouge souple et légèrement rafraîchi !

- votre vin rouge est trop tannique et ne se dévoile pas à sa juste mesure ? L'intégration d'un élément acidulé à votre recette vous permettra d'arriver à un plus bel accord. Aussi, cela vous ouvre la porte à de nombreux compromis à faire lorsque vos convives ne sont pas des inconditionnels des vins rouges costauds !

Note : ces excercices sont innombrables, n'hésitez pas à multiplier les expériences. Intégrez des épices, des viandes crues et cuites, divers aromates et amusez-vous à faire des comparaisons en groupe et à échanger vos commentaires et appréciations. C'est une excellente façon d'apprendre et une activité fort enrichissante. Lorsque vous serez plus entrainé, l'exercice et le plaisir suprême se trouveront dans l'élaboration d'un menu complet au cours duquel chaque service sera accompagné de deux choix de vin. En plus de passer un agréable moment, les échanges qui en découleront vous permettront de vivre une expérience encore plus enrichissante. L'expression « joindre l'utile à l'agréable » prendra ici tout son sens !

Vocabulaire de dégustation

‣ Analyse visuelle

AQUEUX : vin dont la texture se rapproche de celle de l'eau.

GRAS : vin dont la texture semble plus dense, presque visqueuse.

LIMPIDE : vin qui ne présente aucune particules en suspension.

TROUBLE : vin qui présente des particules en suspension qui l'empêchent d'être limpide. Le vin est également qualifié de voilé.

▸ Analyse olfactive (les familles d'arômes)

ANIMALE : odeur de viande ou de certains animaux. Elle peut rappeler le cuir, le musc ou encore le pelage de bêtes.

BALSAMIQUE : odeur qui rappelle les résines. Un baume, de l'encens ou l'odeur des conifères sont des arômes balsamiques.

BOISÉ : arômes associés aux fûts de vieillissement ou à tout autre contact avec le bois pendant l'élevage d'un vin, mais aussi certaines notes d'évolution.

CHIMIQUE : tout ce qui rappelle les produits pharmaceutiques, le soufre, les solvants… sont des odeurs dites chimiques. Elles sont souvent reliées à un défaut du vin.

EMPYREUMATIQUE : représenté par des notes de brûlé, de fumé, de cuit. Le caramel, le pain grillé, le caoutchouc, le café ou toute torréfaction sont des arômes empyreumatiques.

ÉPICÉ : odeurs d'épices, d'aromates. L'anis, la cannelle, la muscade, le poivre, la menthe, le thym et le romarin sont des arômes épicés.

FLORALE : tout type de fleur que l'on pourrait identifier.

FRUITÉ : tout type de fruit que l'on pourrait identifier. Souvent on parlera de fruits à chair blanche (pomme), ou encore d'agrumes (limette, pamplemousse), de fruits noirs (bleuet, cassis, mûre) ou encore de fruits rouges (cerise, fraise, framboise).

MINÉRAL : tout arôme qui rappelle la pierre et les minéraux (calcaire, schiste, argile, sel).

HERBACÉ : odeurs d'herbe fraîche ou séchée, feuillage, verdure, etc.

▸ Analyse gustative

ACIDITÉ : elle sera absente, présente ou dominante. L'important est qu'elle soit en équilibre avec le reste de la structure du vin. Le vin sera dit *mou*, si elle est insuffisante, *frais* si elle est bien dosée et *vif* si elle est imposante.

AMERTUME : perceptible à divers niveau, elle contribue à la structure du vin mais ne devra pas être dominante. Sinon on parlera d'arrière-goût amer, preuve d'un mauvais équilibre.

SEC : se dit d'un vin qui ne présente aucune trace de sucre résiduel.

DEMI-SEC : le vin comporte une délicate part de sucre résiduel, parfois difficile à percevoir mais qui contribue, par sa texture, à lui conférer un goût légèrement sucré et une texture plus ample.

DOUX : vin ayant une part de sucre résiduel significative, comme c'est le cas des vins de dessert.

LIQUOREUX : vin ayant une part de sucre imposante qui lui confère une texture onctueuse. Les vins de vendanges tardives et les vins de glace en sont de bons exemples.

TANNIQUE : se dit d'un vin rouge dont l'abondance de tannins est aisément perceptible. Ces éléments de structure peuvent être asséchants, fermes ou plus souples, mais ils font partie de la matière qui caractérise les rouges plus costauds.

Basses-Laurentides

148

15

Sainte-Thérèse

1

Saint-Benoît

148

344

2

Saint-Eustache

Laval

640

344

Saint-Joseph du Lac

Île Bizard

Parc d'Oka

Oka

Montréal

1. Vignobles des Négondos
2. Vignoble Rivière du Chêne

Vignoble des Négondos

7100, rang Saint-Vincent • Saint-Benoît-de-Mirabel
450 258-2099 • www.négondos.com

Photo: Vignoble des Négondos.

QUE DU VRAI, QUE DU NATUREL ! C'est la philosophie que prônent Carole Desrochers et Mario Plante, propriétaires du vignoble des Négondos, situé dans un joli village des Basses-Laurentides à Saint-Benoît-de-Mirabel. Premier et unique vignoble certifié par « Québec Vrai* », les Négondos appliquent des méthodes conformes aux principes de l'agriculture durable. N'allez pas vous imaginer que vous rencontrerez un couple de doux rêveurs portant des habits en fibres de chanvre et rêvant d'un retour à l'âge de pierre. Ils sont comme vous et moi, simplement soucieux et amoureux de la nature. J'aurais passé bien des heures à écouter Carole parler du vrai sens du terme « bio », tant ses connaissances et son discernement m'ont fascinée.

* Organisme de certification biologique, Québec Vrai garantit que le produit offert a été produit sans engrais chimiques, sans pesticides, sans additifs chimiques de synthèse, sans procédés d'irradiation et sans manipulations génétiques.

La petite histoire

Fondé en 1993, le vignoble des Négondos est une entreprise familiale dont le lancement a marqué un changement de carrière important pour Carole Desrochers, éducatrice en garderie et travailleuse sociale. La transition ne fut pas de tout repos ! Le sol du domaine est certes fort convenable pour la vigne, mais il est « tissé de roches », comme le disent les gens de la région. La pierraille dont il est composé remonte constamment à la surface, ce qui fait de l'ameublissement de la terre un travail à reprendre sans cesse. Heureusement, notre couple ne manque pas de la détermination nécessaire, ni des connaissances essentielles, acquises au prix de patientes études.

Pour Carole, tout réside dans le respect de l'environnement, moyennant une observation attentive de ses manifestations. Elle veille surtout à ne pas le brusquer. À l'appui de son propos, elle cite le cas malencontreux des coccinelles asiatiques qui ont envahi les vignobles de l'Ontario et y font ravage depuis les années 2000. Importés d'Asie dans les années 1980, ces insectes étaient perçus comme des agents importants de la lutte biologique contre les pucerons, mais ils se multiplièrent au point de devenir une menace pour nos coccinelles indigènes. Les moyens pris pour en limiter la propagation ne firent qu'accentuer le goût de *lady bug* laissé par le liquide qu'elles sécrètent lorsqu'elles sont écrasées ou brusquées. Il convient donc d'agir de concert avec l'équilibre propre de la nature. C'est en vertu de cette philosophie que Carole et Mario parviennent à nous offrir le meilleur de leur vignoble, saison après saison.

La situation du vignoble

Malgré les aléas de la viticulture dans cette région du Québec, Carole et Mario semblent bel et bien avoir réussi à dénicher un emplacement idéal qui réunit les conditions nécessaires. À l'abri des vents dominants, le sol légèrement surélevé et incliné permet non seulement un bon drainage mais aussi une évacuation des masses d'air froid par gravité. Le sol, rocailleux et calcaire,

Photo : Vignoble des Négondos.

Photo: J. Perreault.

joue sans contredit sur le caractère des fruits obtenus et la disposition franc sud des 10 000 ceps leur confère le maximum d'ensoleillement et de chaleur.

À faire sur place

À la beauté simple et naturelle du site s'ajoutera le plaisir de converser avec les propriétaires, lors d'une sympathique séance de dégustation du fruit de leurs efforts. Vous pourrez également profiter de la fraîcheur de l'air en vous promenant entre les rangs de vigne ou en vous attablant dans le jardin pour déguster des spécialités du terroir telles que la confiture et le beurre de petits fruits ! Le bâtiment d'accueil comporte également une salle dédiée aux dégustations de groupe dans un décor champêtre des plus apaisants. Enfin, une visite guidée pour les groupes vous fournira l'occasion de vous imprégner de la vraie vie du vigneron et de vous familiariser avec les étapes de ce métier passionnant entre tous. La visite comprend également une présentation de la machinerie agricole et des instruments nécessaires à la vinification dans le chai de production, aux fins d'une meilleure compréhension du processus complet de l'élaboration du vin et des variantes inspirées par l'orientation novatrice des courageux propriétaires du domaine.

Les produits offerts

Opalinois, vin blanc

Issu du seyval blanc, ce vin sec dévoile une fraîcheur évidente de par ses notes d'agrumes et sa finale minérale qui vous mettront l'eau à la bouche. Léger et désaltérant, il se laissera déguster avec plaisir avant le repas ou simplement avec des coquillages et des fruits de mer délicatement relevés. Le fromage de chèvre frais pourra également lui faire honneur.

Orélie, vin blanc

Au seyval blanc usuel de la viticulture québécoise s'ajoute ici le cépage inédit du chambaudière, qui plaira par son arôme muscaté et son acidité discrète. Grâce à son passage en fût de chêne, il présente, en plus de ses notes fruitées, une texture ample en bouche et une finale au boisé bien dosé.

Cuvée Saint-Vincent, vin blanc

Mariant les cépages aromatiques cayuga, geisenheim et vidal au classique seyval blanc, ce vin aux parfums mûrs et intenses est incontestablement très charmeur. Sec,

bien qu'on puisse prétendre qu'il ne l'est pas, il possède une finale persistante fort agréable. Mon préféré !

Le Suroît, vin rouge

Dans ce vin sec tout en souplesse, le goût pur du fruit se détachant d'une trame tannique discrète est conféré par l'union des cépages maréchal-foch et de chaunac. Cassis et petits fruits des champs très mûrs sont au rendez-vous avec une délicate finale de noix.

Chesnaie, vin rouge

L'assemblage des variétés maréchal-foch et de chaunac

profite ici d'un contact avec le chêne qui lui confère une matière généreuse et complexe, caractérisée par des notes de fruits noirs, de noix et d'épices. Il accompagnera à merveille les plats de viande rouge relevés.

Rosois, vin rosé

Conçu à partir des cépages saintecroix et de chaunac, ce vin rosé sec présente des arômes floraux et fruités, ainsi qu'une agréable finale teintée d'une touche minérale.

Frisson, vin blanc liquoreux

Également offert en quantité très limitée, ce vin dont les fruits ont été cueillis tardivement dans la saison se compose des cépages vidal et kay gray. On le dégustera pour lui-seul, en fin de repas ou encore avec une délicieuse tarte aux fruits.

Nirvana, vin rouge fortifié

Ce vin de type porto, offert en très petite quantité,

est issu des cépages frontenac, maréchal-foch et de chaunac. On y retrouve la typicité du cépage majoritaire (frontenac) avec sa touche de cerise juteuse, à laquelle s'ajoute un ensemble capiteux et une texture ample. Il mettra en valeur les fromages à pâte persillée et les desserts chocolatés.

Pour s'y rendre

Situé à 40 minutes de Montréal, le domaine est accessible par l'autoroute 13 ou 15 nord, puis par l'autoroute 640 en direction ouest. Prenez ensuite la sortie 11, qui vous mènera sur la route 148 (boulevard Arthur-Sauvé). Roulez quelques kilomètres tout en restant à l'affût de la rue du Rio, que vous prendrez à gauche, puis tournez à droite sur le rang Saint-Vincent.

Si vous arrivez du nord, prenez la sortie 35 de l'autoroute 15 Sud pour accéder à l'autoroute 50 ouest, puis prenez la sortie 272 pour le chemin Côte-Saint-Louis. Après 6 km, gardez votre gauche pour continuer sur la route 148, puis tournez à droite sur la rue du Rio, pour prendre enfin le rang Saint-Vincent à votre droite.

Vignoble Rivière du Chêne

807, chemin de la Rivière Nord • Saint-Eustache
450 491-3997 • www.vignoblerivireduchene.ca

Aussitôt arrivé au vignoble Rivière du Chêne, vous aurez l'impression de vous trouver en pleine côte nord californienne dans une *winery* d'exception. La majestueuse construction de pierre récemment érigée a tout pour plaire et témoigne d'une tendance moderne, voire avant-gardiste pour la viticulture québécoise. Ce bâtiment est le symbole de la renaissance de cette entreprise, car il s'en est fallu de peu pour qu'elle connaisse une fin abrupte la nuit du 15 novembre 2007.

La petite histoire

En 1998, Daniel Lalande et Isabelle Gonthier étaient sur le point d'acheter un terrain sur le bord d'un lac en vue d'y construire le nid familial lorsqu'ils reçurent au même moment une offre intéressante pour acheter la terre paternelle, située de l'autre côté de la route face à la cabane à sucre familiale Lalande. Or, pour pouvoir ériger une construction résidentielle sur une terre agricole, la réglementation exige que l'on vive des produits cultivés. C'est alors que les souvenirs des vignobles de France émergent de la tête de Daniel, qui y a passé un bon moment lors d'un stage pour ses études en finance.

La plantation des premières vignes signa donc le départ de ce projet ambitieux qui est devenu, au fil des ans, une référence dans le monde du vin québécois.

Il est 2 h 09. En cette triste nuit d'automne du 15 novembre 2007, la sonnette de leur demeure retentit, sortant brusquement Daniel de son sommeil. Un chauffeur de taxi qui revenait d'une course l'alerte : le bâtiment et le chai situé juste à côté sont la proie des flammes. Un réflexe de survie amène Daniel à tenter d'éteindre le feu à l'aide d'un tuyau gros calibre, mais la violence des flammes est telle que les ravages sont considérables et la pression vient à manquer. Les pompiers arrivent, mais rapidement ils demandent l'aide

Le chai refait depuis l'incendie n'a rien à envier aux plus beaux vignobles de l'Ontario et de la Californie.

Sous ces jolis revêtements de bois se cachent des cuves dont les parois extérieures portent les traces de l'incendie.

Photos: Vignoble Rivière du Chêne.

des casernes voisines tant le brasier est infernal. Ils sont bientôt une quarantaine à lutter contre cet atroce incendie. Tout cela, à un moment qui ne pourrait être pire, juste avant la période de Noël. L'établissement et la salle de réception sont complètement rasés par les flammes. À cela, s'ajoutent des pertes énormes en vin et en matériel. Seules les vignes restent, de même que les réserves de vin qui sont conservées dans la cave de garde et dont la porte a résisté. Attristé et bouleversé, le couple retrousse toutefois ses manches après quelques jours de réflexion et décide de la reconstruction du bâtiment. Pour Daniel, il est maintenant impératif de ne plus jamais risquer la vie et le bien de sa famille. Ce qui était une fort jolie construction de bois est donc remplacée par une inébranlable forteresse de pierre, et toutes les nouvelles installations ont été conçues afin qu'à jamais s'efface la crainte de subir à nouveau pareil désastre.

La situation du vignoble

Aujourd'hui, le vignoble compte pas moins de 62 000 pieds de vigne répartis sur près de 20 hectares. Pour le vin blanc, les variétés kay gray, vandal-cliche et vidal, et pour le rouge, les cépages baco noir, maréchal-foch, de chaunac, sabrevois, sainte-croix, frontenac, seyval noir et lucie-kuhlman sont utilisés. Si l'extérieur du bâtiment semble impressionnant, la nouvelle cuverie située dans sa partie arrière vous laissera bouche bée. Une succession d'énormes cuves en acier inoxydable ceinture la salle et au milieu de celle-ci se trouve un escalier en tire-bouchon qui offre une vue saisissante sur les intallations. L'accès se fait au-dessus des cuves par une passerelle, et un treuil a même été installé pour faciliter le travail de l'œnologue, Laëtitia Huet.

À faire sur place

Dégustations et visite libre vous sont offertes. Des tables à pique-nique et une magnifique terrasse sont mises à votre disposition pour contempler le paysage environnant. De plus, une élégante salle de réception dotée d'une toute nouvelle cuisine située au deuxième étage de l'établissement permet l'organisation de repas champêtres et gastronomiques. Ainsi, des réceptions d'entreprise et des cinq-à-sept peuvent y être préparés sur demande, de même que des dégustations de vins, fromages et produits du terroir. En automne, des activités, telles que des animations pour enfants ou la participation aux vendanges sont offertes. Enfin, la visite guidée demeure incontournable afin de mieux comprendre toutes les étapes (du champ au verre) qui permettent l'élaboration d'un produit de qualité.

Les produits offerts

Le William, vin blanc

Nommé ainsi en l'honneur du fils des propriétaires, ce vin issu du cépage vandal-cliche en dévoile tout le côté fruité et floral dans une bouche sèche et franche. Sa finale d'agrumes et d'herbes aromatiques en font un vin idéal pour l'apéritif ou pour accompagner les crustacés et les fruits de mer, de même que les poissons à chair maigre.

Le Rosé Gabrielle, vin rosé

Vous l'aurez deviné, les heureux vignerons ont également une fille répondant au doux prénom de Gabrielle ! Sec et fruité, ce rosé se compose des cépages de chaunac et seyval noir. Il possède tout d'un vin rosé de qualité : des parfums de fruits des champs et une acidité en équilibre qui lui confère un caractère désaltérant. Il est élaboré selon la méthode par saignée : le raisin foulé est macéré jusqu'à l'obtention d'un jus de la couleur rosée souhaitée, puis le jus seul (la saignée) est prélevée pour en faire le vin rosé. Le reste du jus et des raisins poursuivent le processus de macération habituel, offrant alors un vin rouge plus concentré qui sera destiné à une autre cuvée.

Le William, vin rouge

Heureux mariage des cépages maréchal-foch et baco noir, ce vin rouge sec dévoile des arômes de mûres, de framboises et d'épices, le tout dans une bouche ample et généreuse, mais aux tannins tout en souplesse. Une délicate note boisée lui confère une finale plutôt persistante. Servi légèrement rafraîchi, il sera votre meilleur ami lors des barbecues estivaux.

Le Phénix, vin blanc

L'oiseau mythique qui renaît de ses cendres désigne dorénavant leurs cuvées haut de gamme et commémore admirablement la renaissance de l'entreprise. Vin blanc sec issu du vandal-cliche, des soins minutieux précèdent son élevage en fûts de chêne neufs pendant 12 mois. Il en résulte un vin opulent, aux parfums floraux relevés d'une fraîcheur d'agrumes et d'une finale noblement boisée. N'hésitez pas à lui offrir quelques mois de garde, son expression n'en sera qu'améliorée.

Le Phénix, vin rouge

Dans cet assemblage de sept cépages, on trouve les cépages maréchal-foch, baco noir, de chaunac, sabre-

vois, frontenac, sainte-croix et lucie-kuhlman. Il profite également d'un séjour en fûts de chêne neufs pendant 12 mois. Il offre une belle complexité conférée par les atouts de chacune des variétés. Des notes de mûres, de cassis et de cerises se succèdent, le tout dans une matière imposante et persistante qui s'estompe dans une finale joliment boisée et épicée. Pour y avoir goûté alors qu'il était encore en fût, vous pouvez être confiants quant au potentiel de garde de cette cuvée.

L'Adélard, vin blanc apéritif

L'étiquette de ce vin est tirée d'une peinture folklorique qui représente le temps des sucres, à l'époque d'Adélard Lalande, pionnier dans la tradition des repas de cabane à sucre au Canada, dont Daniel est le descendant. C'est en quelque sorte un hommage qui lui est rendu par l'entremise de ce vin issu du vandal-cliche, un apéritif aromatisé au sirop d'érable. Son sucre et son acidité s'équilibrent et il accompagne l'apéritif, le brunch et les desserts.

La Cuvée Glacée des Laurentides, vendange tardive

Ce délicieux vin de dessert est élaboré à partir du vidal récolté en décembre. Des parfums intenses de fruits blancs très mûrs, de fleurs et de miel le caractérisent. Sa finale ample et toute en longueur plaira assurément.

base du fameux vin de glace du vignoble. Avec son agréable complexité aromatique de fruits mûrs, il demeure frais, désaltérant et vivifiant. Un incontournable pour tout amateur de bulles ! Les circonstances ne manqueront pas. Notez qu'à sa première participation au concours *Les grands vins du Québec*, organisé par l'Association des vignerons du Québec et parrainé par la SAQ, il a obtenu non seulement la meilleure note dans sa catégorie, mais aussi la médaille Grand Or, en 2008, avec la meilleure note du concours.

* *Action d'expulser le dépôt causé par l'accumulation des lies fines après le vieillissement.*

Le baco est l'un des meilleurs cépages hybrides utilisés en Ontario, c'est également le nom de l'énergétique Labrador brun que la famille a acquis à la suite d'un tragique incendie.

Les bulles de Gabrielle, mousseux rosé

Comme le Monde les Bulles, ce rosé profite d'une seconde fermentation en bouteille. Il dévoile des parfums de fruits rouges et de fleurs tout en étant frais et tonifiant en bouche. Parfait à l'apéritif, ou encore pour le brunch ou accompagné de petites bouchées ou de canapés.

Le Monde, vin de glace

Ce vin de glace traditionnel est vêtu d'un joli habillage moderne. Il est produit en pressant les raisins gelés durant les froides journées de décembre, lorsque le mercure atteint la barre des -10° C. Une partie de l'eau contenue dans les raisins étant gelée, le nectar obtenu est très concentré en sucre. Il est d'une couleur dorée intense et son nez de fruits confits, notamment de poires et d'abricots, est en équilibre parfait avec son sucre onctueux et sa fraîcheur.

Le Monde les Bulles, mousseux

Chapeau pour l'originalité et la qualité de ce produit ! Il s'agit d'un vin mousseux, élaboré selon la méthode champenoise (méthode traditionnelle utilisée en Champagne). Il se distingue par sa liqueur d'expédition (qu'il faut ajouter à tout mousseux pour combler le vide causé par le dégorgement*) laquelle est à

L'Éraportéros, vin rouge fortifié à l'érable

Issu du maréchal-foch, ce vin fortifié de type porto est aromatisé au sirop d'érable avant d'être fortifié. Il en résulte un vin qui déploie des arômes de fruits noirs cuits et de fruits séchés ainsi qu'une note épicée, le tout dans un ensemble assez capiteux et nettement parfumé d'érable. Servez-le légèrement rafraîchi en fin de repas.

Pour s'y rendre

En partant de Montréal, prenez l'autoroute des Laurentides jusqu'à la sortie 20 pour accéder à l'autoroute 640 ouest en direction de Saint-Eustache. Prenez ensuite la sortie 11 pour le boulevard Arthur-Sauvé (route 148) en direction de Lachute. Tournez à gauche sur la montée Laurin et parcourez environ 2 km, puis tournez à gauche sur le chemin de la Rivière-Nord.

Photo: J. Perreault.

Cantons-de-l'Est

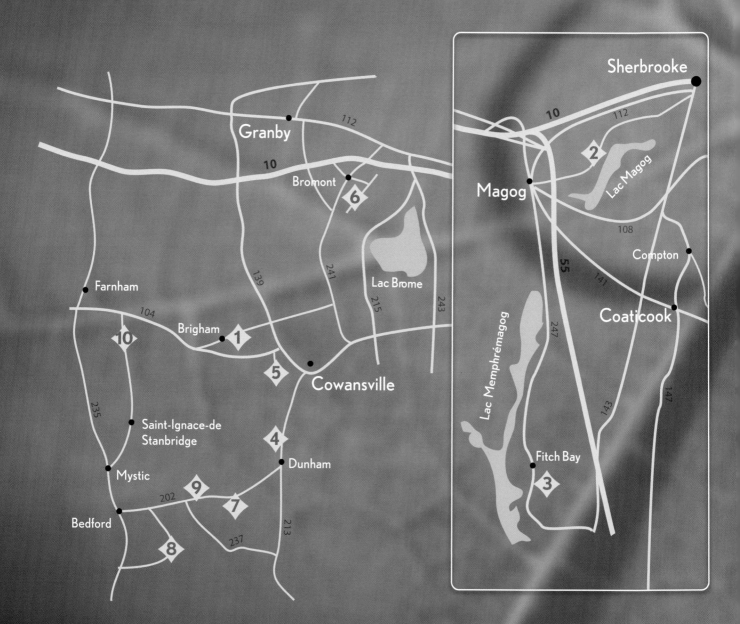

1. Vignoble la Bauge
2. Vignoble le Cep d'Argent
3. Vignoble Clos du Roc Noir
4. Vignoble Clos Sainte-Croix de Dunham
5. Vignoble les Diurnes

6. Vignoble Domaine Les Brome
7. Vignoble Domaine des Côtes d'Ardoise
8. Vignoble Domaine du Ridge
9. Vignoble de l'Orpailleur
10. Vignoble les Pervenches

Vignoble la Bauge

155, rue des Érables • Brigham
450 266-2149 • www.labauge.com

DE TOUS LES VIGNOBLES abordés dans ce livre, celui de La Bauge est sans contredit la destination familiale idéale. Bien que son nom ne désigne que la tanière du sanglier, ce terroir vous fera découvrir bien davantage. Ce lieu unique sert notamment de gîte à plusieurs animaux exotiques qui feront la joie des petits comme des grands ! Vous pourrez les admirer et même nourrir certains d'entre eux lors d'un parcours de deux kilomètres.

La petite histoire

La vocation du site s'est formée naturellement au cours des années, à partir du moment où Alcide Nault (père de Simon, l'actuel copropriétaire) fit l'acquisition de l'immense terre agricole en 1951. Au départ simple ferme d'élevage bovin, elle fut par la suite l'hôtesse de plusieurs activités familiales. Robert Nault, le frère de Simon, déçu du faible potentiel économique de l'élevage des porcs et des poulets, décida de s'orienter en 1976 vers celui des sangliers. Il devint ainsi un fournisseur prisé des restaurants huppés du Vieux-Montréal. Parallèlement, dans les années 1980, une parcelle fut réservée à des expérimentations viticoles avec un ami de la famille, Alain Brault, celui qui allait également devenir un pépiniériste bien connu au Québec.

L'idée d'établir un vignoble fut prise de plus en plus au sérieux, malgré la maladie d'Alcide, qui dut renoncer à ses activités après avoir contracté le « poumon du fermier », affection causée par l'inhalation de poussières et de moisissures d'origine agricole. De fil en aiguille (des 1 000 ceps de vigne plantés en 1987 la plantation est passée à plus de 20 000), le choix d'en faire un vignoble et une destination touristique prisée se concrétisa. À la faveur des résultats concluants fournis par les expérimentations à petite échelle, Simon, qui gagnait alors sa vie comme agent immobilier, prit le flambeau de façon autonome après qu'Alain Brault, Alain Bélanger (sommelier de renom) et Luc Rolland (vinificateur au Domaine Saint-Jacques) lui eurent prêté main forte tant en viticulture qu'en vinification. La laiterie se métamorphosa en chais et ce fut le point de départ d'une toute nouvelle vocation pour la ferme. À ce propos, attardez-vous, lors de votre visite, aux modifications que durent subir les cuves à lait pour devenir des cuves parfaitement adaptées à la fermentation et à l'élevage du vin.

La triste disparition d'Alcide Nault en 1998 accentua l'aspiration de la famille à poursuivre les efforts entrepris. Un imposant projet de rénovation fut lancé. « Il fallait faire quelque chose », me confia Simon lors de notre rencontre. En hommage à l'homme et son legs, mû par la ferveur filiale et la fierté de poursuivre la voie que son père avait tracée, Simon s'associa avec sa mère, Ghislaine. Des investissements majeurs permirent la construction d'une terrasse et plusieurs autres rénovations, et les idées pour accroître l'achalandage se succédèrent. Les visiteurs manifestèrent également un intérêt pour les animaux présents sur place… On imagine aisément la suite !

Photo: Vignoble La Bauge.

Pendant la fermentation, cette bonde dictera au vérificateur le taux d'alcool présent par le calcul de la densité du liquide.

La situation du vignoble

Il ne faudrait pas passer sous silence le rôle que ce coteau surélevé au sol pauvre et plutôt graveleux a tenu dans l'histoire de la viticulture au Québec. Désireux d'unir leurs forces pour soutenir la filière viticole québécoise, un petit groupe de vignerons dynamiques fonda le Club de recherche et de développement de la vigne, une association qui a pour mission de diffuser les résultats des expérimentations sur la culture de la vigne dans les climats froids. Originellement formé de Gilles Benoît (Vignoble des Pins), Aristide Pigeon (Clos de la Montagne), Robert Leroyer (Vignoble Leroyer-Saint-Pierre), Simon Nault (Vignoble La Bauge), Michel Meunier (vinificateur au Clos de la Montagne, aujourd'hui professeur de vinification en Australie et en Nouvelle-Zélande), ce groupe est à l'origine du cépage connu sous le nom de sabrevois, dont des échantillons expérimentaux leur ont été fournis par Elmer Swenson, agronome américain qui a créé plusieurs variétés hybrides utilisées au Québec. Dans un geste méritoire, Elmer leur a tout simplement donné ses hybrides, ne demandant en contrepartie que de le tenir informé des résultats obtenus. Monsieur Swenson nommait toujours ses cépages du nom d'un lieu ou d'un fait ayant marqué son développement, mais il trouvait que Brigham, ville du vignoble de La Bauge, avait une consonance trop anglophone pour une découverte québécoise. Le cépage qui portait le nom peu poétique d'Es-219 fût donc baptisé sabrevois, en référence à un petit village de 600 habitants situé au sud de Montréal, dont Gilles Benoît, un des membres du groupe, est natif.

À faire sur place

Au vignoble de La Bauge, plusieurs possibilités d'activités combleront vos envies. Terrasse, tables à pique-nique, boutique et comptoir de dégustation pour y découvrir les vins produits au vignoble sont à votre disposition. Les amateurs de charcuteries ne manqueront pas de faire provision de terrines et de saucisses de cerf et de sanglier ou de fromages de chèvre maison vendus sur place... lesquels pourront du même coup agrémenter le goûter que certains auront prévu d'y faire ! Profitez de l'occasion pour parcourir en carriole le sentier de 2 km qui vous procurera le plaisir d'observer les animaux : cerfs rouges, daims, sikas, sangliers, chevaux nains, highlands, lamas, barbados, yacks, moutons Jacob et bien d'autres. Une belle façon de faire connaissance ! Découvrez également sur le site une exposition de sculptures animalières de grande taille ainsi que les pièces d'artisanat qui ornent la boutique.

Chaque année, au moment des vendanges, se tient une journée mémorable réunissant des apprentis vignerons : *Vignerons d'un jour*. Cette activité très prisée, est offerte seulement sur réservation. Au programme, une présentation du vignoble, une heure de récolte et un dîner composé de produits du terroir, comme des pâtés et terrines, meublent la première moitié de la journée. Dans l'après-midi, pressage et foulage de la récolte dans les chais complètent l'activité. Les apprentis vinificateurs décident même du type de vin qui sera produit et de son nom. Une photo commémorative de même que

Ces revêtements de plastique noir offrent plusieurs avantages. Ils concentrent plus de chaleur à la plante, tout en les protégeant contre les mauvaises herbes.

le nom trouvé par les néophytes orneront les bouteilles qui leur seront remises une fois l'élevage terminé. Une expérience sensationnelle pour tout œnophile en quête d'une activité unique à prix modique !

Les produits offerts

La Bauge classique, vin blanc

Rafraîchissant, il se compose de seyval blanc. On y retrouve la pureté du fruit escortée par des parfums de fruits à chair blanche et de fleurs mellifères. Sa finale se bonifie sur des notes d'agrumes et d'abricot.

Le Solitaire, vin blanc

Vieilli en fût de chêne, cette cuvée également élaborée à partir de seyval blanc se distingue par une présence aromatique plus marquée, de même que par une note d'amandes grillées due au contact avec le bois et par une texture plus enveloppante.

Brise, vin rosé

Issu du frontenac noir, ce savoureux rosé demi-sec a tout ce qu'on peut souhaiter : du fruit, du charme et de la fraîcheur. Framboises juteuses et fraises mûres sont au rendez-vous. Un délice à savourer pour le plaisir.

Les Patriarches, vin rouge

Provenant d'un assemblage alliant entre autres le chancellor et le frontenac noir, ce vin rouge sec bénéficie d'un élevage en fût de chêne qui lui confère une certaine structure de même que des arômes plus complexes.

Novembre, vendanges tardives

Issu de raisins frontenac, hibernal et seyval blanc récoltés en novembre, ce « vendanges tardives »,

avec ses notes de fruits blancs confits aux personnalités tropicales, envoûte le palais par sa texture ample et onctueuse. Doux et bien équilibré, ce vin de dessert s'estompe dans une finale exquise.

Les Folies du Vigneron, vin blanc fortifié

Ce vin apéritif est tout à fait original. Composé de seyval blanc, tout comme les vermouths que nous connaissons, il s'agit d'un vin auquel a été ajouté de l'alcool et qui se personnalise selon les éléments aromatiques soigneusement sélectionnés avec lesquels il aura flirté. Ici, le succès est obtenu par une macération de citrons et d'oranges qui lui confère des parfums vivifiants uniques. Savourez-le frais et servi sur glace, agrémenté d'un zeste d'agrume. Il vous désaltérera à l'apéritif ou en compagnie de grignotines salées.

La Flambée, vin rouge fortifié

Conçu comme le sont les fameux portos, ce vin fortifié est issu du cépage frontenac. Capiteux et dévoilant des notes de fruits, il bénéficie d'un passage en fût qui lui concède une finale aux parfums de noix et d'épices.

Pour s'y rendre

Situé entre Farnham et Cowansville, le petit village de Brigham est accessible par l'autoroute 10, sortie 68. Suivez ensuite la route 139 sud en direction de Cowansville puis, après une dizaine de kilomètres, tournez à droite sur la rue des Érables. Ouvrez l'œil : le 155 des Érables vous apparaîtra quelques centaines de mètres plus loin.

Vignoble le Cep d'Argent

1257, chemin de la Rivière • Magog
819 864-4441 • www.cepdargent.com

QUE VOUS PARTIEZ de la région de Sherbrooke en direction de l'île de Montréal ou que vous fassiez l'inverse, un arrêt au vignoble le Cep d'Argent s'impose, ne serait-ce que pour une visite éclair de dégustation. Vous pourrez du même coup y visiter les salles de réception en vue d'une éventuelle célébration… à moins que vous ne préfériez les espaces aménagés pour une fête en plein air ! Par beau temps, le coup d'œil sur le paysage depuis une table à pique-nique juchée sur le coteau ou depuis la terrasse qui jouxte l'établissement, demeure un incontournable.

La petite histoire

À l'origine du vignoble, il y a Denis Drouin, originaire de l'Ontario, qui entreprit les démarches nécessaires en quête d'un site propice à la culture de la vigne au Québec. Ce qui n'était d'abord qu'une aventure en tandem prit une ampleur inopinée. Son associé initial décida après quelques temps de se retirer, mais en offrant le relais à des amis européens : les frères François et Jean-Paul Scieur, Champenois d'origine. Plusieurs années passèrent et la direction du projet prit forme, à la faveur de la complémentarité des deux nouveaux joueurs et d'un esprit de camaraderie à toute épreuve. Aujourd'hui, ne faisant qu'un, tels les trois mousquetaires, ils se sont inspirés des thèmes chevaleresques pour baptiser leurs produits, et décorer une des salles de réception de l'établissement.

Dans les foires, les marchés et les salons, il y a de fortes chances pour que vous croisiez Jean-Paul Scieur. Visiblement doué pour la communication et les relations publiques, son accent bien marqué d'homme du Vieux Continent saura vous charmer. Mais pourquoi, vous demanderez-vous, a-t-il voulu se lancer dans une pareille aventure outre-mer alors que sa famille possède déjà un vignoble de 2,5 hectares au royaume même du vin mousseux ? « Elle devait être fort jolie », vous direz-vous… (c'est ce que j'ai pensé !) C'est plutôt l'appel des grands espaces qui l'a conduit jusqu'ici. Dans son sillage, il a entraîné une charmante Espagnole qui allait devenir sa femme.

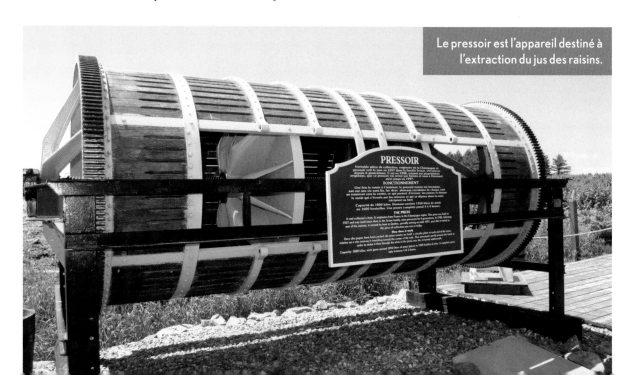

Le pressoir est l'appareil destiné à l'extraction du jus des raisins.

Fait intéressant, le Cep d'Argent est détenteur du 6ᵉ permis de production artisanale délivré au début des années 1980. Ce qui place l'entreprise parmi les pionniers des vignobles québécois tout en prouvant, grâce à l'accumulation des distinctions acquises au fil des ans, que le rêve de la viticulture québécoise est possible, et même plus assuré que jamais. Fier militant de la cause des viticulteurs québécois, Jean-Paul Scieur manifeste une passion tangible lorsqu'il explique le parcours de la filière québécoise. À son instigation, les Fêtes des vendanges de Magog offrent annuellement à moult producteurs artisans (pas seulement vinicoles) une vitrine de premier plan auprès du public de cet événement désormais majeur dans les Cantons-de-l'Est. Initialement tenues au vignoble même, ces manifestations annuelles ont vite connu un achalandage si important que les organisateurs se sont vus dans l'obligation d'élire un nouveau site. Se sont alors joints au mouvement bon nombre de partenaires qui contribuent à faire aujourd'hui de cette célébration un événement incontournable. Pour plus d'information, consultez le site www.fetesdesvendanges.com.

Le charme des Cantons-de-l'Est, de la population québécoise et de son mode de vie empreint de la sérénité des grands espaces a souverainement plu à Jean-Paul Scieur, et sans doute que le goût du défi posé par un domaine où tout était à bâtir aura stimulé cette âme de pionnier dans la poursuite de son projet. « Alors que dans les régions à tradition viticole, il y a longtemps que les murs et la peinture sont payés, me disait-il, la situation est tout autre ici où il faut partir de presque rien... » On comprendra pourquoi, à ses débuts, un appartement était à louer à l'étage supérieur du bâtiment d'accueil et que la vente de tomates et de concombres aura été essentielle pour absorber une partie des frais engagés !

La situation du vignoble

Sur le plan géographique, on prétend que la proximité du mont Orford agit sur les dépressions climatiques en les divisant, ou encore qu'une enclave boisée non loin du site joue le rôle d'une barrière naturelle contre les vents, grâce à ses arbres, bien sûr, mais aussi aux accumulations de neige qui s'y produisent. Quoi qu'il en soit, on avait anciennement remarqué que les foins se

Aire de repos avec vue sur le lac Magog

Photos : J. Perreault.

faisaient là une semaine plus tôt qu'ailleurs en région. Il y a fort à parier que la proximité du lac Memphrémagog a également son rôle à jouer dans ce microclimat.

À faire sur place

À inscrire à votre itinéraire si le temps vous le permet : plusieurs activités sont offertes en partenariat avec des entreprises touristiques de la région. Vous pourrez ainsi jumeler une escapade gourmande au vignoble de même qu'une visite des lieux tout en profitant de prix réduits pour une pause-détente au *Spa des chutes* à Bolton, une excitante sortie *Arbre en arbre*, une visite au *Bleu lavande* ou une foule d'autres activités qui agrémenteront votre journée. Également, des dégustations de vins et fromages sous l'égide d'un maître fromager sont proposées (selon la programmation). Sans oublier les activités de vendanges animées, lorsque la saison s'y prête (sur réservation).

Pour les visites guidées, le vignoble vous offre trois formules qui correspondront assurément à vos besoins et envies. Elles vont de la dégustation commentée à l'exploration complète des installations, en passant par une causerie captivante sur la vinification autrefois dite méthode champenoise,

Photos: J. Perreault.

à l'origine de la prise de mousse dans les vins effervescents de qualité.

Pour casser la croûte, un service de restauration offre sur place un menu très varié proposant des pizzas, salades, saucisses, ciabattas et paniers à pique-nique avec fromages et pâtés du terroir.

Enfin, informez-vous sur les possibilités offertes par les deux salles de réception, l'une est classique et l'autre de style médiéval. Diverses options avec service de traiteur vous inspireront de mille et une façons pour planifier un moment inoubliable.

Les produits offerts

Cuvée des Seigneurs, vin blanc

Élaboré à partir des cépages muscat de New York, seyval blanc et vidal, ce vin blanc sec et fruité profite également d'un élevage en fût de chêne. Léger et bien équilibré, il plaira tant à l'apéritif qu'en compagnie de fruits de mer que de poisson à chair maigre et de fromage à pâte fraîche.

Le Cep d'Argent, vin blanc

Provenant également de l'heureux mariage des seyval blanc, muscat de New York et vidal, ce vin blanc sec dévoile la pureté de ses variétés avec des notes aromatiques de fleurs et de pêche. Souple et ample, il accompagne particulièrement bien les sushis.

Délice du Chai, vin rouge

Élaboré à partir des cépages maréchal-foch et de chaunac, sainte-croix et frontenac, ce vin sec et fruité aura toute la délicatesse voulue pour contenter les inconditionnels du rouge pour l'apéritif. Il s'harmonisera agréablement avec les viandes blanches grillées et les fromages à croûte fleurie. Servez-le légèrement rafraîchi.

La Réserve des Chevaliers, vin rouge

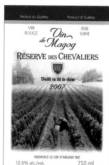

Plus costaud grâce à son élevage en fût de chêne, ce rouge est également élaboré à partir des cépages maréchal-foch, de chaunac, sainte-croix et frontenac. Fruité mais également pourvu de notes épicées, il se sert avec des mets plutôt relevés, comme les viandes rouges et les pâtes à la sauce tomate.

Le Trio (3 bouteilles de 250 ml)

Fort originale, cette « bouteille » se compose de 3 formats de 250 ml empilés les uns sur les autres: le Mistral, la Fleur de Lys et l'Archer.

La Tour (5 bouteilles de 250 ml)

Sur le même principe que précédemment, vous trouverez dans cet ensemble de cinq formats de 250 ml empilés: le Mistral, la Fleur de Lys, l'Archer, le Cep d'Argent (blanc) et le Délice du Chai.

Le Fleuret, vendanges tardives

Issu du savoureux geisenheim couplé au seyval blanc, le Fleuret est un vin de vendange tardive récoltée en novembre, en vue d'une concentration accrue des sucres des fruits. Ce nectar savoureux qui plaira notamment avec des desserts aux fruits blancs s'ils ne sont pas trop sucrés, ou encore avec des fromages forts.

L'entretien du sol fait partie des nombreuses tâches du vigneron. Ici, on voit un labourage mécanique qui permettra d'aérer la terre.

Sélection des Mousquetaires, vin mousseux

Élaboré de la même façon que les meilleurs mousseux et le champagne, ce mousseux 100 % québécois est issu du seyval blanc et de muscat de New York. Léger et aérien, ses notes d'agrumes et sa fraîcheur le personnalisent. Offert également en magnum, c'est-à-dire en format de 1500 ml.

La Fleur de Lys, vin rosé aromatisé

Voici un vin de type kir (vin blanc et sirop de cassis) qui plaira par son côté désaltérant, qui offre à la fois une certaine complexité et dont le sucre n'est pas mis à l'avant-plan.

L'Archer, vin rouge fortifié

Vin digestif original, il est issu du vin rouge la Réserve des Chevaliers, auquel ont

été ajoutés du brandy, de l'alcool de grain et du sirop d'érable. Un assemblage agréable qui réchauffe le cœur et embaume le palais d'un doux parfum d'érable.

Le Mistral, mistelle*

Son style peut s'apparenter à celui d'un pineau de Charente. On le conçoit d'ailleurs en faisant muter un jus de seyval blanc légèrement fermenté avec du brandy et de l'alcool de grain. Distinction supplémentaire, une macération avec des pruneaux et des abricots lui confère une dimension parfumée qui ajoute à son attrait.

* *Mistelle : moût de raisin dont on a suspendu la fermentation en y ajoutant de l'alcool.*

Pour s'y rendre

Les indications sont visibles dès l'autoroute 10 dans les deux directions, et le petit détour à effectuer pour y accéder se fait en un clin d'œil, pendant que le charme contagieux des routes de Magog et d'Orford vous fera grande impression. Plus précisément, prenez la sortie 32 de l'autoroute 55 (sortie qui devient la rue Saint-Patrice en direction est, si vous arrivez de l'ouest), ou encore arrivez par la 112, de Sherbrooke, en empruntant le chemin Dion par Deauville (qui devient le chemin de la Rivière) : vous trouverez le vignoble juste après le Golf Venise à votre droite.

Vignoble Clos du Roc Noir

663, chemin Bissell • Stanstead (Fitch Bay)
819 876-7749 • www.closdurocnoir.com

Dans le cœur de chacun de nous, amoureux du vin et de la terre, réside assurément le désir sincère d'avoir un jour la chance de communier avec la nature par l'entremise des produits de la vigne. C'est depuis peu que Jean-Pierre Giguère a réalisé ce rêve, grâce à son charmant vignoble de près de trois hectares sur le chemin Bissell, à Fitch Bay, non loin du majestueux lac Memphrémagog et près de la baie de Fitch, dont le nom rappelle la mémoire d'un colonel loyaliste qui fonda ce village en 1792.

La petite histoire

À l'entrée de la boutique, sur le terrain adjacent au vignoble, vous avez de bonnes chances d'être accueilli par Claudette, conjointe de Jean-Pierre Giguère, qui prend visiblement plaisir à animer les dégustations. Reçue comme une amie par un beau vendredi après-midi, je fus gentiment invitée par Claudette à m'asseoir dans la balançoire pour un agréable brin de causette. Sans m'attendre à une réponse précise de sa part, j'étais tout de même curieuse de savoir comment elle entre-voyait le projet de retraite de son époux... « Qui prend mari prend pays ! » me lança-t-elle dans un éclat de rire aussi sincère que sympathique. J'obtenais ainsi ma réponse avant même de l'avoir formulée.

La formation d'ingénieur du fondateur du vignoble se reflète dans sa façon de mener son entreprise. Orientant sa préretraite vers cette activité roborative et stimulante, il n'a pas hésité à se doter des outils modernes nécessaires à l'exécution pratique et efficace des diverses tâches de la viticulture. La mécanisation de pointe est pour lui essentielle. Il applique également les méthodes traditionnelles d'élaboration des vins, notamment le vieillissement en fût de chêne. Mais Jean-Pierre Giguère sait bien qu'on ne peut pas se lancer dans une telle entreprise sans avoir fait ses classes. Il a tout prévu, à commencer par la formation en viticulture et en vinification. En homme avisé, il a également fait appel aux services d'un expert en viticulture pour déterminer la taille la mieux adaptée aux plants. Ses principaux cépages sont, en blancs, le vandal-cliche, le prairie star, et en rouges, le sainte-croix, le sabrevois, le frontenac et le maréchal-foch.

Photos : Vignoble Clos du Roc Noir.

Vignoble encore jeune, ses premières bouteilles n'ont été commercialisées qu'en 2007. À l'affût des dernières avancées de la recherche en viticulture et en vinification, Jean-Pierre Giguère s'intéresse de près aux nouvelles souches de levure adaptées aux cépages hybrides, enraison de leur apport qualitatif fort prometteur.

La situation du vignoble

Le Clos du Roc Noir doit son nom à la corniche rocheuse sur laquelle il s'étend. De dimension respectable, avec ses 10 000 plants, le vignoble fort soigné prend place sur un coteau longeant la route. Le ruissellement de l'eau y est donc favorisé et un engazonnement permet aussi d'en retenir le sol tout en offrant un coup d'œil des plus verdoyants.

À faire sur place

Que ce soit pour déguster les produits, pour vous balader entre les rangées de vignes un verre à la main ou pour y faire une pause pique-nique, vous apprécierez le charme tout en simplicité du vignoble. Bien entendu, vous pourrez le visiter sur demande, et sur réservation pour les groupes.

Après une dégustation à la boutique, il vous sera possible d'effectuer une visite agréable de l'établissement bâti sur deux étages et d'admirer les tableaux qui y sont exposés. Voilà une belle façon d'allier les joies de l'art aux délices du palais !

Si le temps vous le permet, il peut être fort plaisant de joindre à votre itinéraire une visite au Bleu Lavande, qui est le plus grand domaine québécois spécialisé dans la culture de ces magnifiques plantes fleuries au parfum envoutant. Le site est situé à seulement 3 km du Clos du Roc Noir, ce qui meublera le reste de votre journée d'escapade dans les Cantons-de-l'Est, tout en vous permettant de faire connaissance avec les parties plus retirées de cette magnifique région.

Les produits offerts

La Légende, vin blanc

Issu entièrement du cépage prairie star, ce blanc élevé en fût de chêne pendant douze mois en conserve des notes délicates de vanille et de bois qui se fondent avec ses parfums fruités.

Le Crin blanc, vin blanc

Dans cet assemblage des cépages prairie star et vandal-cliche, le fruit prend la vedette avec une texture ample et veloutée, grâce à un vieillissement sur lie. Excellent vin d'apéritif, il accompagnera aisément les plats de fruits de mer, les poissons à chair maigre et les fromages légers.

Photo: J. Perreault.

La Baie Rosé, vin rosé

Issu du mariage des cépages frontenac, pionnier et sabrevois en macération écourtée, ce vin rosé aux arômes de fruits rouges dévoile également une fraîcheur bien équilibrée.

Le Roc Noir, vin rouge

Élaboré à partir des cépages maréchal-foch, radisson et sainte-croix, ce savoureux vin rouge aux notes aromatiques de prune et de tabac se dévoile également avec une trame tannique assez soutenue.

Le Pont Rouge, vin rouge

Le duo des maréchal-foch et sainte-croix personnalise ici une cuvée plus structurée, grâce notamment à un passage en fût de chêne pendant douze mois. Des notes de fruits noirs, d'épices et une délicate touche boisée lui confèrent une complexité supplémentaire.

Le Fitch 1792, vin rouge fortifié

C'est l'assemblage des cépages frontenac, sabrevois et sainte-croix qui caractérise ce vin fortifié rond et capiteux de type porto. Des notes de fruits noirs en confiture, de moka et d'épices douces s'entremêlent et précèdent une finale qui rappelle le sucre brun caramélisé. Servez-le rafraîchi avec un fromage à pâte persillée ou une gourmandise de chocolat noir à fort pourcentage de cacao.

Pour s'y rendre

En partant de Montréal, vous pourrez vous y rendre par l'autoroute 10 est. Prenez la sortie 121 pour accéder à la route 55 sud en direction de Stanstead, puis roulez environ 13 km avant d'emprunter la sortie 21 menant à la route 141, que vous prendrez à gauche en direction de Coaticook et d'Ayer's Cliff. Après avoir roulé une dizaine de kilomètres sur la 141, tournez à droite sur le chemin Vallières, à gauche sur Tomifobia (en gardant la droite jusqu'à la fourche) et à droite sur le chemin Bissell. Le vignoble se trouvera à votre gauche environ 3,5 km plus loin.

Vignoble
Clos Sainte-Croix de Dunham

3734, rue Principale • Dunham
450 295-3281 • www.closstecroix.ca

S I VOUS N'ÊTES PAS ENCORE ALLÉ au Clos Sainte-Croix, il est possible, que, tout comme moi, vous passiez le splendide emplacement du vignoble sans vous en rendre compte. Alors que je sillonnais pour la première fois la rue Principale du bucolique village centenaire de Dunham, et bien que le domaine eût pignon sur rue et que je fusse munie d'un GPS, je passai outre cet emplacement que je m'attendais pourtant à repérer facilement par ne serait-ce que quelques rangées de vigne. J'ai bel et bien cru l'appareil défectueux, mais, pour ma défense, j'ajouterai que le charme des commerces qui bordent la rue éparpille facilement le regard. On a peine à croire qu'un accueillant petit vignoble s'immisce entre les devantures des petites boutiques, tantôt une brûlerie, tantôt une boulangerie, ou encore une coquette boutique d'artisanat... Oui, oui, vous êtes à la bonne adresse !

Finalement arrivée à destination, j'y suis reçue par madame Lasnier. Pendant que monsieur Jodoin achève de poser des filets protecteurs contre les volatiles, elle m'offre gentiment un verre de rosé désaltérant et m'invite à aller visiter le jardin. Splendide ! Une pelouse impeccable, des arrangements floraux et une fontaine alimentée à même un reposant point d'eau prennent vie dans un environnement enchanteur soigneusement parsemés de petites tables et de chaises. À la fois attendrissant et vivifiant, ce petit coin de paradis offre aux visiteurs une ambiance intime où la contemplation du décor se réinvente chaque fois. C'est d'ailleurs pour cette raison qu'une résidente du village a demandé au couple la permission de le fréquenter afin d'y reprendre des forces pendant le traitement de sa longue maladie…

La petite histoire

Détenteur d'un MBA de l'Université de Sherbrooke, monsieur Jodoin est un homme d'affaires accompli, à l'origine du brillant procédé de burinage Sherlock (vous avez sans doute déjà remarqué la marque du petit crabe sur une vitre de voiture). Poussé par l'amour de la campagne, il a acheté la propriété au début des années 1980. L'homme porte aussi un vif intérêt pour le village de Dunham et contribue à son expansion en prenant une part active dans divers organismes de développement touristique. Son vignoble y fait d'ailleurs pour beaucoup. Après de nombreux voyages en France, le mystère et la noblesse de la divine boisson poussèrent ce grand amateur de vin à donner vie à son rêve en 1990 en plantant ses premiers pieds de vigne. Parmi les 6 000 ceps qu'il possède aujourd'hui, le cépage sainte-croix figure en bonne place, portant opportunément le même nom que celui de la paroisse où se trouve le vignoble. Quand à l'appellation de « Clos », elle est pleinement méritée, de par la clôture qui le protège, notamment des chevreuils.

Photo : Vignoble Clos Sainte-Croix de Dunham.

Photo: J. Perreault.

La « butteuse-débutteuse » est la première charrue
créée par les vignerons artisans au début des années 1980.

La situation du vignoble

L'aménagement technique du vignoble est doté d'un
détail intéressant, une sorte d'énorme cylindre muni
d'un ventilateur interne situé à son endroit le plus bas.
Lorsque la gelée menace la récolte, monsieur Jodoin n'a
qu'à en actionner l'hélice pour chasser vers le haut l'air
froid répandu au sol, ce qui a pour effet de le remplacer
par de l'air plus chaud. Il parvient ainsi à repousser de
quelques jours le moment des vendanges et à obtenir
des fruits plus mûrs et plus sucrés.

À faire sur place

Bien entendu, il conviendra de profiter de votre visite
pour faire une petite promenade le long de la rue Principale et explorer les quelques boutiques qui s'y trouvent, pour terminer votre ballade par une dégustation
au vignoble. Les visites guidées sont offertes sur rendez-vous uniquement. Pour bénéficier pleinement du
paysage enchanteur qu'offre le jardin, faites-y un repas
champêtre après vous être approvisionné en pain, en
pâtés, en fromages et en charcuteries à la Rumeur
Affamée (située au 15 de la rue Principale, en face
du bureau de poste). Vous y trouverez éga-

Photo: Vignoble Clos Sainte-Croix de Dunham.

Photo: Vignoble Clos Sainte-Croix de Dunham.

lement de succulents sandwiches faits sur place ainsi
que des crèmes glacées du Bilboquet. Il ne vous restera
plus qu'à aller vous régaler en arrosant le tout d'une
bouteille soigneusement choisie lors de votre passage
à la boutique du vignoble !

Photo: J. Perreault.

Lorsque les fruits arrivent à maturité, il est d'usage de les protéger par des filets afin d'éviter que les oiseaux ne les mangent.

Les produits offerts

Seyval Blanc, vin blanc

Vin sec aux notes délicates d'agrumes, il se caractérise également par une délicieuse touche minérale qui s'ajoute à sa complexité en plus de procurer une agréable persistance aromatique.

Rosé du Village, vin rosé

Léger, fruité, floral et rafraîchissant, ce vin rosé est évidemment issu du cépage sainte-croix. Il se savoure en toute simplicité avec des fromages légers ou moyennement relevés, de même qu'avec les terrines de volailles et les bruschettas.

Maréchal Foch, vin rouge

En plus d'agréables notes d'évolution, ce vin sec aux arômes de cuir et d'épices agrémentent la trame de fond fruitée léguée par le cépage vedette. Plus affirmé que l'autre rouge du vignoble, il accompagne bien les grillades de viande rouge et les fromages relevés.

Sainte-Croix de Dunham, vin rouge

Comme pour l'ensemble des vins, c'est l'expression d'un seul cépage qui est ici privilégiée, question d'en faire découvrir toute la personnalité d'un flacon à l'autre. Le sainte-croix s'exprime dans ce rouge avec ses parfums de framboises et de mûres, tout en offrant une matière bien présente en bouche.

Lord Dunham, vin fortifié

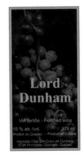

Fortifié à l'alcool de grain, ce vin de sainte-croix offre le côté riche et capiteux propre à ce style. Il accompagnera à merveille les chocolats noirs ou les fromages à pâte persillé, ou se servira simplement comme complément de soirée. Sa finale rappelle le caramel brûlé.

Pour s'y rendre

Une fois sur l'autoroute 10 en direction est (si vous partez de Montréal), prenez la sortie 68 pour le boulevard David-Bouchard (139 sud) en direction de Cowansville. Prenez ensuite, 18 km plus loin, la route 202, qui deviendra la rue Principale lorsque vous arriverez au village. Le vignoble se trouvera à votre droite. Ouvrez l'œil !

Vignoble Les Diurnes

205, montée Lebeau • Cowansville
450 263-1526 • www.vignoblelesdiurnes.ca

Photos : Vignoble Les Diurnes.

E N ROULANT SUR LA MONTÉE LEBEAU pour vous rendre au vignoble, vous remarquerez sans doute le détour destiné à vous mener à l'autre bout de la propriété afin de vous faire accéder au bâtiment d'accueil après avoir traversé les rangs de vigne par le joli chemin aménagé. Prenez le temps d'observer : dès l'abord, vous serez très certainement apaisé par le calme que cette vue inspire, surtout après avoir longuement fixé le béton rectiligne de l'autoroute 10. Vous y apercevrez alors l'ancienne grange d'élevage, aujourd'hui trans-

formée en chai. Simple et charmant, le bâtiment a été construit des mains du propriétaire avec des planches taillées sur place.

La petite histoire

Natif de Cowansville, Douglas Henderson est diplômé en génie civil de l'Université de Sherbrooke. Après avoir beaucoup voyagé dans sa vie professionnelle, l'envie de regagner sa terre natale pour s'y installer le conduisit à faire l'achat d'une ferme en 1983, dans le but premier d'en faire une écurie. Il en fit également une ferme d'élevage bovin pendant plusieurs années, mais l'épidémie de vache folle des années 1990 le décida à vendre son troupeau en 1998. C'est alors qu'il caressa le rêve de faire renaître sa ferme de 127 hectares en la réorientant vers l'activité viticole.

Comparant ses débuts en viticulture à l'art d'être parent : « On subit, on s'ajuste… Ce sont les enfants qui nous domptent », Douglas Henderson se consacre avec bonheur à son projet et découvre qu'il a les pouces verts. Près de 30 000 plants sont alors mis en terre en 2001, tous des cépages noirs, dont le sabrevois, le frontenac et le sainte-croix. Son sens pratique professionnel le mène ensuite à concevoir une organisation plus efficace : F=MA (la force est égale à la masse multipliée par l'accélération), me lance-t-il en m'expliquant pourquoi il préfère la mécanisation aux ressources humaines. Rien d'étonnant donc, s'il a été le premier vigneron québécois à se doter d'une vendangeuse mécanique. Pour ce qui est de la vinification de ses récoltes, il en confie le soin à Patrick Delaplace, un œnologue bordelais établi au Québec en 2005.

La situation du vignoble

Ce coteau graveleux, qui s'étend sur un socle rocheux bordé par la chaîne des Appalaches, satisfait particulièrement aux exigences de la culture de la vigne, avec son orientation privilégiée et son drainage naturel. À ces caractéristiques s'ajoute l'apport des vents, qui chassent le surplus d'humidité en balayant régulièrement les plants, diminuant ainsi les risques de maladies fongiques. C'est d'ailleurs par allusion à ces vents diurnes que le vignoble a été ainsi nommé.

À faire sur place

Aux Diurnes, on mise beaucoup sur l'accueil. « La propreté et l'ambiance, les gens sont sensibles à ces détails », explique Douglas Henderson, soucieux du plaisir que les visiteurs puissent éprouver lors de leur visite. Au comptoir, vous serez accueilli par une équipe

Au vignoble Les Diurnes, les vendanges sont facilitées par l'utilisation d'une vendangeuse mécanique. Quelques heures suffiront à compléter la tâche.

Ici, les ceps des jeunes vignes sont protégées par un tube pendant le déherbage.

sympathique, heureuse de vous faire découvrir les produits du vignoble. À coup sûr, le personnel du vignoble vous mettra l'eau à la bouche par un déferlement de suggestions d'accords qui mettront en valeur les plaisirs de la table et de la convivialité. Profitez-en pour y apporter votre pique-nique : des tables et des chaises meublent la grande terrasse à l'accueil, mais il y en a aussi à l'intérieur, si le temps est maussade. À noter qu'il vous est également possible de commander les produits en ligne.

Les produits offerts

Fait intéressant, toutes les étiquettes des cuvées du vignoble sont ornées d'un tableau signé Stéphane Lemardelé, un artiste français. Il représente le paysage que l'on aperçoit à l'arrière-plan du domaine, vous y reconnaîtrez d'ailleurs le sommet pointu du mont Pinnacle. Vous pourrez également comparer les variantes colorées des étiquettes en fonction de la catégorie du produit. Un exercice intéressant et une preuve de plus que l'art et le vin se conjuguent à merveille !

Alizés, vin rosé

Issu du cépage sainte-croix, ce délicieux vin rosé rappelle la chair des petits fruits rouges des champs, de même qu'une note florale. Pourvu d'une bonne vivacité, il plaira par son côté rafraîchissant. Les poissons à chair maigre et les viandes blanches grillées en seront bien accompagnées.

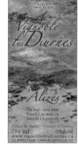

Sirocco, vin rouge

Également issu du sainte-croix, c'est le plus souple et léger des deux rouges du vignoble. Soyeux et rafraîchissant en bouche, il s'estompe en laissant en finale des parfums de fruits rouges mûrs.

Chinook, vin rouge

Issu d'un assemblage des cépages sainte-croix et sabrevois, ce vin rouge sec, plus charpenté que le Sirocco, est également plus sérieux par sa complexité aromatique. Ses notes de fruits noirs accompagnent des arômes de moka et de fumée, de même qu'une délicate touche rappelant les feuilles mortes. Il accompagnera aisément les plats de viande rouge relevés, les sauces épicées et les fromages affinés.

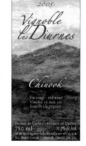

La Niña, vin blanc fortifié

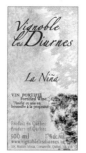

Mistelle à base de seyval blanc, ce vin offre des parfums de fruits frais tels que ceux de la pomme et de la poire, escortés par une touche aux accents de beurre et d'amande. Un bel équilibre en bouche, ni trop sucré ni trop alcoolé. Servez-le rafraîchi en dessert, avec une tarte Tatin de fruits à chair blanche, ou encore avec des fromages affinés.

El Niño, vin rouge fortifié

Version rouge de sa sœur El Niña, le El Niño est élaboré à partir de sainte-croix additionné de brandy, ce qui lui confère force et richesse. Un nez confituré de fruits noirs et de framboise, de même qu'une légère note de noix et une finale légèrement épicée le caractérise. Servi légèrement rafraîchi, il plaira également au dessert, cette fois-ci avec des confections chocolatées (pas trop sucrées) et des fromages à pâte persillée.

Liqueur d'Æolus Réserve, boisson alcoolisée à base de prunes

Lors de ma visite, j'ai eu le plaisir de goûter au dernier-né de la gamme de produits offerts. Il s'agit d'une liqueur de prune qui se distingue par son parfum naturel, un équilibre harmonieux entre la présence capiteuse d'alcool, son amplitude aromatique et sa persistance… Un délice à déguster en fin de repas.

Pour s'y rendre

En partant de Montréal, prenez l'autoroute 10 en direction est et roulez jusqu'à la sortie 68 pour accéder à la route 139 (David-Bouchard) en direction de Cowansville. Tournez à gauche sur la route 139 sud et y roulez sur une quinzaine de kilomètre. Tournez à droite sur le chemin qui longe la rivière, puis tout de suite à gauche sur la montée Lebeau. Le vignoble se trouvera sur votre droite.

Vignoble Domaine Les Brome

285, chemin Brome • Ville de Lac-Brome
450 242-2665 • www.domainelesbrome.com

Photo: Vignoble Domaine Les Brome.

ALLIANT LE CHARME DU MODERNISME à la pureté et à la simplicité du bois, le bâtiment qui domine le Domaine Les Brome conserve son cachet authentique d'ancienne cabane à sucre malgré plusieurs modifications pour y loger le chai, la boutique et la réception de l'entreprise viticole. Le bois d'origine a été conservé, et celui qui a été ajouté provient de la forêt environnante. Les énormes poutres originales qui prennent place dans la salle de dégustation lui confèrent d'ailleurs un attrait incontestable. Ce site offre une vue exceptionnelle sur le lac Brome et sur la vallée formée par les montagnes qui l'enserrent.

La petite histoire

Léon Courville est à lui seul tout un personnage. En sa présence, on comprend rapidement quelles sont les qualités nécessaires pour atteindre les plus hauts sommets, tant dans la vie que dans le vin. Cette rencontre a été fascinante du début à la fin. L'ex-PDG de la Banque Nationale est un vigneron captivant, souriant et passionné, rendant ce moment tout à fait extraordinaire pour l'amatrice de vin que je suis. Son parcours est des plus impressionnants, tout comme ses vins. Et justement, son goût du vin, du bon vin, vient de quelque part...

Parti aux États-Unis à l'aube des années 1970 pour compléter un doctorat en économie, monsieur Courville y eut plusieurs occasions de « boire grand ». Des moments exceptionnels qu'il raconte comme si c'était hier : dégustation verticale de Gruaud-Larose, de La Tâche, de La Romanée… des souvenirs intarissables que peu d'amateurs pourront un jour se permettre ! L'achat d'une cave à vin confirma sa nouvelle passion, mais il était alors loin d'envisager la profession de vigneron. Monsieur Courville se lança d'abord dans la production de sirop d'érable en faisant l'acquisition du site actuel du vignoble. En 1981, alors qu'il revenait d'une journée de ski, profitant du sommeil de ses enfants installés à l'arrière de la voiture, il alla voir le domaine qui était alors à vendre. Subjugué par l'environnement de celui-ci, il s'en porta acquéreur. Convaincu qu'un site d'exception se trouvait entre ses mains, il planta les premiers ceps de vigne en 1999 et les résultats qu'il obtint quelques années plus tard confirmèrent son intuition. Les mises en sol se succédèrent : en noir, cépages hybrides tels que les baco noir, de chaunac et maréchal-foch ; en blanc, saint-pépin, geisenheim, seyval blanc et vidal. Monsieur Courville réussit également à entretenir des variétés de *Vitis vinifera* telles que le chardonnay, le riesling, le pinot noir et le cabernet franc. Toutefois, au moment d'écrire ces lignes, mis à part le riesling, qui m'a d'ailleurs émerveillée, les vins élaborés à partir de ces dernières variétés étaient des microcuvées expérimentales. Gageons que le Domaine Les Brome n'a pas fini de se démarquer !

La situation du vignoble

Aujourd'hui, près de 60 000 pieds de vigne peuplent le vignoble. Celui-ci se définit par son sol rocailleux et son sous-sol argilo-calcaire. Il bénéficie de sa position à flanc de montagne et de la protection contre les vents que lui offre l'érablière dans la partie plus élevée.

À faire sur place

La boutique est ouverte tous les jours en période estivale, de mai à la mi-octobre, et ce, de 11 h à 18 h. En dehors de cette période, elle demeure ouverte les fins de semaine. Notez qu'il est toujours possible de téléphoner pour prendre rendez-vous, ou encore de commander par l'entremise du site web. La visite guidée s'impose : vous pourrez alors admirer l'impressionnante cuverie du domaine, équipée avec la toute dernière technologie.

Léon Courville dans son chai au milieu de plus d'une centaine de fûts de chêne.

Elle se distingue non seulement par des cuves modernes conçues au Québec, qui ont l'avantage d'économiser l'espace de stockage grâce à leur forme rectangulaire, mais aussi par certaines cuves dont la température est régulée par ordinateur. On peut aussi y voir le chai, qui compte plus d'une centaine de fûts de chêne. Tout simplement impressionnant !

Les produits offerts

Le Cuvée Charlotte, vin blanc

Nommé en l'honneur de la petite-fille de monsieur Courville, ce vin souple et agréable est issu d'un assemblage de seyval blanc en grande majorité, de geisenheim et de chardonnay. La pureté du fruit est au rendez-vous. La vinification se fait uniquement en cuve d'acier inoxydable et profite d'un élevage sur lies. Ce vin aux parfums de fleurs et d'herbes est d'une bonne fraîcheur et possède une finale rappelant subtilement les agrumes.

Le Réserve Riesling, vin blanc

Un pur délice ! Ne vous attendez toutefois pas à un riesling d'Alsace ou d'Allemagne, car celui-ci a été élevé plusieurs mois en fût de chêne, ce qui lui confère son goût unique, ainsi que ses parfums de citron vert, de fruits tropicaux, de miel et de vanille. Son amplitude aromatique et sa fraîche acidité trouvent l'équilibre dans une texture enveloppante et séduisante.

Le Réserve Saint-Pépin, vin blanc

Ce superbe vin, monsieur Courville le nomme son « Montrachet » en l'honneur de la divine appellation bourguignonne. Déroutant avec ses intenses parfums d'abricot et de cire d'abeille, ce vin a également des notes de fumée et

L'emplacement du vignoble offre une vue superbe sur le lac Brome.

d'épices douces que lui confère son long passage en barrique. Sa persistance aromatique est exceptionnelle et sa texture en bouche, presque onctueuse.

Le Péché, vin rosé

Issu des cépages maréchal-foch et seyval noir, il se dévoile dans une puissante structure. Ses notes de framboise et de mûre ainsi que sa nature généreuse et savoureuse lui vaudront d'escorter vos repas estivaux avec bonheur.

Le Baco, vin rouge

Provenant entièrement du réputé cépage hybride du même nom, ce vin rouge sec offre des notes de cerise noire et de prune, ainsi qu'un parfum de raisin frais. Sa finale persistante et épicée en fait un vin agréable et savoureux.

Le Cuvée Julien, vin rouge

Nommé en l'honneur du petit-fils de monsieur Courville, la Cuvée Julien est issue des variétés baco noir, de chaunac et maréchal foch. Le millésime 2005 que j'ai goûté était superbe, avec une riche matière et des notes de sous-bois et de tabac relevées d'une touche épicée.

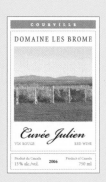

Le De Chaunac, vin rouge

Assurément de style « Nouveau Monde » avec sa personnalité teintée de fruits noirs en confiture et son goût boisé prononcé, il se dévoile tout en rondeur, assoupli par une subtile trace de sucre résiduel.

Le Réserve Baco, vin rouge

Vin issu du cépage baco noir, un passage en fût de chêne lui confère une dimension supplémentaire. Des notes boisées s'ajoutent aux parfums de fruits et d'épices.

Le Vidal, vin blanc

Le vidal, cépage hybride hautement reconnu, se dévoile par des arômes de fruit bien mûr dans ce vin demi-sec. Des notes de poire, de miel et de fleur caractérisent ce vin frais et persistant. Une trace de sucre résiduel contribue également à sa texture enveloppante agréable.

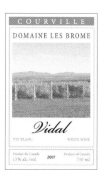

Le Réserve Vidal, vin blanc

Le secret de cette délicieuse cuvée, faite de raisins récoltés à la mi-novembre, est sa fermentation sur lies dans des fûts de chêne américains pendant plusieurs semaines. Cela lui confère richesse et complexité, lui ajoutant des notes de bois et d'épices douces, tout en lui donnant une texture presque grasse.

Le Réserve de Chaunac, vin rosé

Ce vin rosé, l'un des rares de ce type à être mis en contact avec du chêne, est élaboré uniquement à partir du cépage de chaunac. Rosé plus délicat que le Péché, il s'en distingue notamment par sa finesse et par l'apport subtil du bois.

Le Vidal, Vin de Glace

Élaboré selon les règles de l'art, le vin de glace du Domaine Les Brome se caractérise toutefois par un sucre résiduel un peu moins marqué, ce qui plaira sûrement aux amateurs en quête de richesse qui ne souhaitent pas retrouver un goût trop sucré. Bien équilibré.

Photo: Vignoble Domaine Les Brome.

Les cuves au Domaine les Brome se distinguent par leur forme carrée, ce qui permet un gain d'espace tout en étant empilables.

Le Vidal Vin de Glace Fûts de chêne

Semblable au vin de glace ordinaire par son mode d'élaboration, il s'en distingue toutefois par un goût boisé et fumé apporté par son élevage de plusieurs mois en fûts de chêne français. Original et fort appréciable.

Produit à venir

Au moment de ma visite, se préparait tranquillement une nouveauté qui témoignera de la philosophie avant-gardiste du Domaine Les Brome, soit une cuvée de style «Recioto», une appellation bien connue de Véné-tie, la région de Roméo et Juliette. Ce produit fort prometteur devrait bientôt voir le jour. Il est issu de grappes passerillées du cépage de chaunac, auxquelles la concentration des sucres confère des notes plus évo-luées. Une partie de ces sucres est d'ailleurs conservée en fin de fermentation pour lui donner le charme et le style souhaités… À surveiller ! Un nom qui pourrait être « XP » flottait dans l'air lors de la rencontre…

Photo: J. Perreault.

Pour s'y rendre

Prenez l'autoroute 10 en direction est jusqu'à la sortie 78 pour Bromont. Tournez à droite sur le boulevard de Bromont, roulez environ 7 km, puis prenez à droite sur le chemin de Brome pour rouler encore 5 km. Le vignoble se trouve à votre droite.

Vignoble
Domaine des Côtes d'Ardoise

879, rue Bruce, route 202 • Dunham
450 295-2020 • www.côtesdardoise.com

LA PROLIFÉRATION DES VIGNOBLES dans la région de Dunham depuis les années 1980 et 1990 en fait un endroit fort prisé des amateurs de vin, mais aussi des simples visiteurs et promeneurs, si l'on en juge par l'achalandage qui y a cours durant certaines fins de semaine d'automne. Véritable expression de nos mœurs conviviales et festives, cette agglomération vinicole nous prend au cœur et nous rapproche de nos traditions culturelles latines, tout en nous inspirant le désir sincère de les faire partager.

Le vignoble des Côtes d'Ardoise a incontestablement participé à cet essor, non seulement comme étant le premier a avoir obtenu un permis de production artisanale, mais aussi pour sa longue lutte menée auprès des autorités ministérielles aux fins de l'obtention des droits de commercialisation des vins québécois.

La petite histoire

Fondé en 1980 alors que Christian Barthomeuf y planta les premiers ceps, le vignoble des Côtes d'Ardoise était à la base une entreprise en partenariat qui a trouvé preneur unique aux mains du docteur Jacques Papillon en 1984, chirurgien-plasticien toujours actif. À l'époque où les vins d'ici étaient le plus souvent boudés d'office, ce domaine viticole réputé a pu surmonter les embûches et garder la tête haute. Il aura cependant fallu une ténacité sans faille, puisque, malgré les reconnaissances internationales obtenues par ce vignoble dans des concours reconnus, les lois et politiques de commercialisation de l'époque prenaient la forme de solides bâtons dans les roues. Le projet de magnifier l'expérience des visites touristiques pour en faire une destination culturelle d'intérêt a néanmoins suivi son cours, et c'est ainsi que depuis 2000, des artistes de la région sont invités à exposer leurs œuvres au domaine, agrémentant ainsi un parcours extérieur qui ceinture les rangs de vignes.

La situation du vignoble

Le docteur Papillon jouit d'un emplacement avantageux sur le fameux chemin Bruce, à Dunham, où se trouvent plusieurs autres producteurs de vin. Il a en effet constaté que ce chemin se couvre habituellement, à l'automne, d'une mince couche de givre blanc qui s'estompe toutefois à mesure que l'on y monte. Il en résulte que malgré son altitude, le domaine bénéficie d'un microclimat qui lui procure quelques jours de plus pour le murissement des fruits, ce qui constitue un atout important lorsque chaque degré-jour est crucial pour l'atteinte d'une maturité complète. En outre, son sol d'ardoises décomposées abrite le pied de plusieurs cépages qui ont fait leurs preuves, ayant déjà à leur actif une vingtaine d'années de loyaux services, ce qui représente un atout important dans la quête de raisins aux parfums complexes !

À faire sur place

Dégustation animée et visite guidée sont offertes sur place, sans oublier le casse-croûte ouvert en saison, aménagé à un jet de pierre du comptoir de dégustation. Vous pourrez prendre tout votre temps pour admirer quantité d'œuvres captivantes disposées le long d'un parcours extérieur qui vous mènera aux alentours du vignoble. Laissez-vous aussi séduire par le panorama des magnifiques parcelles aménagées, joignant admirablement fleurs et arbustes. En cas de pluie, soyez sans crainte : des parapluies, disposés à l'entrée de la boutique, ont été prévus à votre intention.

Les produits offerts

Seyval Carte d'Or, vin blanc

Issu des meilleures récoltes de seyval blanc du domaine, ce vin fait partie de la production instituée dès 1985. Il s'était d'ailleurs distingué lors des Sélections mondiales  de 1987, en remportant une médaille d'or dans la catégorie « produits du terroir ». Aujourd'hui, il continue à récolter les médailles pour sa qualité constante, notamment à l'occasion des deux premières manifestations

69

du concours des Grands Vins du Québec. Ample et agréable, ses notes de fruits, de fleurs et d'amande s'accompagnent d'une touche minérale fort plaisante.

La Marédoise, vin blanc

Issu des cépages seyval et aurore, ce blanc se démarque par la personnalité opulente que lui confère son léger sucre résiduel. Son nez de pêche et

de fleurs se poursuit en bouche. Il conserve aussi admirablement son caractère vivifiant et désaltérant.

Riesling, vin blanc

Un des rares vins issus de *Vitis vinifera* en sol québécois, ce blanc dévoile les caractères assez typés du cépage, tels qu'on les trouve en sol européen, avec un discret nez d'agrumes, de même qu'une délicate touche florale. Agréable en apéritif, ou encore avec les poissons à chair maigre légèrement relevés.

Charmes et Délices, vin rosé

Agréable vin rosé provenant des cépages seyval noir et chelois. Offrant des arômes de fraise et de framboise, il plaira par sa délicate note minérale en finale. À déguster rafraîchi, pour le plaisir, ou encore en compagnie de volaille grillée.

Côtes d'Ardoise, vin rouge

Issu du mariage des cépages gamay, maréchal-foch et lucie-kuhlman, dont les plants figurent parmi les plus anciennes vignes exploitées commercialement au Québec, ce vin rouge sec profite d'un élevage en fût de chêne. Souple et accessible, il laisse en bouche des notes de framboise et de noyau de cerise.

Haute Combe, vin rouge

Assemblage des cépages maréchal-foch, lucie-kuhlman et de chaunac, ce

rouge ne passe pas par le chêne pendant son élevage, mais il n'en est pas moins savoureux avec ses parfums fruités et sa délicate finale épicée. Il offre un bel équilibre en bouche.

Douceur d'Ardoise, vin blanc liquoreux

Ce délicieux vin de dessert essentiellement fait de vidal résulte en fait de la seconde pression du vin de glace de l'établissement. On reconnaîtra son lien de parenté avec l'autre de par son nez de fruits confits, de papaye, de miel et de zeste d'orange. Toutefois  plus élevé en alcool et moins riche en sucre, il est délicieux servi avec des crêpes Suzette ou un gâteau à l'ananas.

Givré d'Ardoise, vin de glace blanc

Issu, bien entendu, du cépage vidal, ce généreux vin de glace charme par son nez de sucre d'orge, de pêche et de mangue. Richesse et onctuosité sont au rendez-vous, avec une superbe persistance aromatique.

Givré d'Ardoise, vin de glace rosé

De mémoire, le seul vin de glace rosé du Québec. Il est obtenu par l'adjonction de maréchal-foch à la cuvée de vidal. On y retrouve tout le charme de l'original blanc, agrémenté par les notes de mûre que lui confère le cépage noir.

Estafette, vin blanc fortifié

 Élaboré à la façon des portos, il est issu d'un assemblage des cépages aurore et viblanc additionnés d'alcool d'origine vinique (brandy) au cours de sa fermentation en barrique de chêne. Il en résulte un apéritif aux notes d'ananas,

d'orange et de poire enveloppé de parfums de noisette et d'amande amère.

Estafette, vin rouge fortifié

Élaboré à la manière de sa version blanc, ce vin est toutefois issu du mariage entre les variétés maréchal-foch, de chaunac, aurore et viblanc. Cerises, noyaux et dattes séchées en personnalisent l'arôme.

Ces notes persisteront en bouche dans un ensemble souple et expressif.

Pour s'y rendre

À partir de Montréal, prenez l'autoroute 10 en direction est, jusqu'à la sortie 22 pour emprunter l'autoroute 35 en direction de Saint-Jean-sur-le-Richelieu et Saint-Luc. Roulez sur environ 18 km pour atteindre la route 133 et franchissez les 28 km qui vous séparent de la route 202. Une fois à la jonction de celle-ci, la prendre à votre gauche, puis tournez à droite sur la rue du Pont, pour tourner aussitôt à gauche sur la rue de la Rivière. Vous reprendrez alors, sur 13 km, la route 202, qui se nommera à ce moment rue Bruce. Vous serez à deux pas de votre destination.

Photo : J. Perreault.

Vignoble Domaine du Ridge

205, chemin Ridge • Saint-Armand
450 248-3987 • www.domaineduridge.com

Vous accéderez au Domaine du Ridge en suivant le magnifique chemin du Ridge, depuis la route 202, juste avant d'arriver à Dunham. Vous succomberez devant la splendeur du paysage et le spectacle unique qu'offre l'alignement des arbres géants qui vous feront une haie royale jusqu'au vignoble.

La petite histoire

Ex-ministre des Institutions financières et ancien député de Brome-Missisquoi, Denis Paradis ne s'est pas illustré uniquement en politique. Propriétaire depuis 1996 d'un vaste vignoble à Saint-Armand avec sa conjointe Viviane Crevier, il a bien réussi à démarquer son

Denis Paradis, propriétaire, devant la boutique du vignoble.

entreprise, tant par la qualité des produits offerts que par l'originalité de certains d'entre eux, notamment sa fameuse Cuvée du Fouloir. Ses premières récoltes ont débuté en 1999, et la superficie cultivée depuis 1996 atteint aujourd'hui 14 hectares, soit un sixième de l'immense terre du domaine.

Active au sein de l'Association des vignerons du Québec à titre de vice-présidente, Viviane Crevier participe régulièrement aux activités de promotion du vignoble. Dès l'abord, on perçoit en elle une personnalité déterminée. Inspirant le respect, elle manifeste sans détour sa volonté de promouvoir la filière viticole du Québec. Mais pourquoi avoir choisi de cultiver la noble plante ? « C'est bien plus romantique qu'un champ de patates ! » lance-t-elle dans un éclat de rire qui détend son regard perçant. Quelqu'un aurait-il à redire ? Non, sûrement pas !

Photos : J. Perreault.

La situation du vignoble

Situé dans un des endroits les plus au sud de la province, le vignoble profite également de la proximité du lac Champlain. La chaleur marquée de ce coin de pays et les vents bienfaisants en provenance de la vallée du même nom favorisent la prospérité du vignoble.

À faire sur place

Une fois dans ce petit coin de paradis, libre à vous de l'arpenter à votre guise. Vous y trouverez notamment une exposition en plein air d'étiquettes de vin, intitulée « Les grands artistes », destinée à mettre en valeur les talents des étudiants inscrits en techniques de muséologie au Collège Montmorency. Une toute récente aire de repos pourvue de tables et de chaises pourra sans aucun doute convenir à votre halte, tout en vous permettant de contempler le paysage environnant. Il vous sera également possible de sillonner les parcelles du vignoble et même de traverser une petite passerelle qui vous mènera à un endroit plus reculé. Vous y trouverez aménagées quelques tables à pique-nique, dont certaines à l'abri du feuillage d'arbres majestueux. Pour ma part, je ne manquerai pas d'y retourner pour jouer une partie de pétanque sur le terrain nouvellement aménagé à cette fin près de la terrasse, et j'irai ensuite siroter un verre du rosé des Champs de Florence…

question de me transporter un peu par l'esprit dans le sud de la France. Enfin, dans la boutique vous sont offertes les dégustations, de même que de succulentes confections d'oignons confits parfumés aux produits bachiques du vignoble. Bien sûr, l'organisation d'un repas champêtre est possible sur demande.

Les produits offerts

Vent d'ouest, vin blanc

Léger et accessible, le Vent d'Ouest tient son nom des vents qui s'immiscent dans les vignes en provenance de la vallée du lac Champlain. Ses parfums d'agrumes et de poire lui confèrent son caractère rafraîchissant.

Cuvée du Fouloir, vin blanc

Cette cuvée est obtenue au moyen d'une méthode d'élaboration bien originale : une construction de bois prenant la forme d'une large cuve sert chaque année au foulage au pied du raisin. Mais attention, comme le veut la tradition, seules les dames aux pieds nus ont le privilège d'accéder à la cuve ! Une expérience hors du commun qui rapproche le public du travail vinicole de façon inédite. Il est question de rebaptiser cette cuvée du nom de feu Michel Vastel, en l'honneur du célèbre éditorialiste, voisin et ami du couple, qui affectionnait tout particulièrement ce vin.

Tous les moyens sont bons pour faire fuir les volatiles qui auraient envie de se délecter des fruits de la vigne. Ici un épouvantail tient ce rôle.

Les Champs de Florence, vin rosé

Élaboré à partir du seyval noir, dont le temps de macéra-tion a été écourté, ce rosé tire son nom de l'endroit où poussent les fruits qui le composent et où aimait jouer la fille du couple, Marie-Florence, lorsqu'elle était enfant. Il en résulte un vin sec, parfumé de petits fruits rouges et manifestant un bel équilibre dans son ensemble. Très agréable.

Clos du Maréchal, vin rouge

On fera facilement le lien entre son nom et le cépage dont il est issu : le maréchal-foch. Fruité à souhait avec une légère touche résineuse, il plaît par sa structure souple et sa finale de fruits noirs légèrement épicée. Servez-le rafraîchi avec terrines, pâtés de volaille ou grillades de viande blanche relevées d'herbes aromatiques.

74

Bise d'Automne, vendanges tardives

Issu du savoureux et opulent cépage vidal, récolté bien après les vendanges habituelles pour une concentration accrue, ce vin de dessert dévoile tout le côté aromatique dudit cépage, en s'exprimant par des notes évoquant les fruits confits et une persistance aromatique très plaisante.

Saint-Martin, vin blanc fortifié

Issu d'un assemblage de geisenheim et de seyval blanc, ce vin apéritif offre un style qui s'apparente au pineau des Charentes puisque le moût est muté en début de fermentation. Il en résulte un sucre résiduel onctueux et des notes de fruits frais. Délicieux comme tel et servi frais, ou encore en version allégée allongée d'une eau pétillante. Excellent sur la terrasse par un bel après-midi d'été.

Fado, vin rouge fortifié

Élevée en fût de chêne pendant six mois, cette boisson fortifiée est issue d'un assemblage de vin et de jus de raisin additionné d'alcool. Puissant et aromatique au nez, ses parfums de fruits noirs cuits, avec un boisé bien intégré et une finale épicée, plairont aux amateurs.

Pour s'y rendre

En provenance de l'île de Montréal, prenez l'autoroute 10 en direction est jusqu'à la sortie 22, pour rouler ensuite sur l'autoroute 35 en direction de Saint-Jean-sur-le-Richelieu. Après environ 18 km, gardez votre gauche pour poursuivre sur la route 133 pendant encore 28 km. Tournez ensuite à gauche pour accéder à la route 202, puis à droite sur la rue du Pont et tout de suite à gauche sur la rue de la Rivière. Vous vous retrouverez ainsi sur la route 202. À ce moment, ouvrez l'œil à votre droite : le chemin du Ridge vous apparaîtra après 1,5 km.

Photos: J. Perreault.

Jolie terrasse à la disposition des visiteurs.

Vignoble de l'Orpailleur

1086, rue Bruce (route 202) • Dunham
450 295-2763 • www.orpailleur.ca

VITICULTEUR D'ORIGINE FRANÇAISE, Charles-Henri de Coussergues est le maître d'œuvre de ce vignoble dont la réputation n'est plus à faire. Ce pionnier a grandement contribué à l'essor de la viticulture au Québec. Il a su inspirer une nouvelle génération de viticulteurs et leur faire profiter de sa précieuse expertise héritée du Vieux Continent. Chef de file apprécié, il continue à tenir ce rôle au sein de l'Association des vignerons du Québec, à titre de président depuis 2007.

La petite histoire

À l'occasion d'un stage au Québec au début des années 1980, Charles-Henri de Coussergues a été fasciné par le défi que représentait la culture de la vigne au pays des « quelques arpents de neige », et il entreprit donc des démarches afin de mettre sur pied son projet de vignoble. De retour chez lui dans le Sud de la France, il y consulta des experts et revint armé de solutions qui allaient ouvrir la voie à une acclimatation nord-américaine de la viticulture. Hervé Durand, propriétaire du bien connu Mas des Tourelles en France, ainsi que l'impresario Franck Furtado et, plus tard, Pierre

Rodrigue se joignirent à lui dans ce qui passait à l'époque pour une folie, mais qui faisait battre le cœur de ces œnophiles passionnés.

La propriété s'appelait au début le Château blanc, en raison de la grande maison blanche qui faisait office de bâtiment principal. Mais le poème que Gilles Vigneault a dédié à ce vignoble pour en souligner la première cuvée, en 1985, détermina l'appellation d'Orpailleur sous laquelle cette entreprise est connue depuis lors.

L'Orpailleur, c'est celui qui lave les allusions aurifères pour en extraire, par temps, science et patience, les paillettes d'or qui s'y trouvent. C'est ainsi que pour la première fois au Québec, des viticulteurs ont mis science, patience et temps qu'il fallait pour extraire de la terre québécoise un vin blanc sec, unique en tous points, depuis un cépage planté et récolté, et son raisin vinifié au vignoble dans la meilleure tradition.

Cette première cuvée de seyval blanc, totalisant 15 000 bouteilles, a mis en branle la diversification, notamment par l'intégration de nouveaux cépages.

Photos : J. Perreault.

D'un premier kiosque de vente formé d'une planche posée sur deux barriques à l'imposant ensemble dont elle peut s'enorgueillir aujourd'hui, l'entreprise a su établir au fil des ans la réputation qui lui vaut désormais d'être un incontournable point d'attrait touristique.

La situation du vignoble

Ce terroir de 15 hectares est l'hôte des cépages geisenheim, muscat de New York, seyval blanc et vidal en blanc, de même que les chancellor, de chaunac, lucie-kuhlman, maréchal-foch et seyval noir en rouge. Le vignoble profite de la clémence thermique reconnue de la région de Dunham, mais comme dans bien d'autres terroirs, rien n'y est négligé pour parer à d'éventuelles gelées dévastatrices. Les endroits les moins élevés, où l'air glacé risque de s'accumuler, sont particulièrement surveillés. Les propriétaires ont même déjà fait venir un hélicoptère pour en chasser les poches d'air froid en volant en rase-mottes. Depuis lors, des ventilateurs ont été juchés sur des poteaux plantés à proximité des portions les plus à risque du vignoble.

À faire sur place

Impossible de se contenter d'une simple halte, il y a trop à découvrir et à savourer ! En plus de la boutique et de son comptoir de dégustation, l'Économusée de la vigne et du vin, relate l'évolution de cette industrie au Québec depuis l'arrivée de Champlain en

Photo: J. Perreault.

Photo: Vignoble de l'Orpailleur.

Ventilateur qui permet d'agiter l'air dès les premiers risques de gel.

L'appareil servant au dosage de la « liqueur d'expédition » utilisé pour les vins mousseux.

1608, et comprend une section consacrée au rôle du majestueux chêne-liège, duquel on extrait la matière traditionnellement utilisée pour boucher les flacons. Tout à côté de la boutique se trouve un restaurant, le Tire-Bouchon, qui vous propose un menu raffiné. Vous pourrez également passer d'agréables moments sur une terrasse à la végétation luxuriante ou sur l'aire de pique-nique située non loin de là.

Prenez en outre le temps de vous balader dans les vignes librement ou en suivant le parcours d'interprétation qui y est aménagé. Des visites guidées sont également organisées en saison.

Les produits offerts

L'Orpailleur, vin blanc

Issu à 100 % de seyval blanc, ce vin sec et franc se caractérise par des notes de pomme et de poire, mais également d'agrumes. Un classique toujours bien équilibré et pourvu d'une fraîcheur désaltérante. Il conviendra parfaitement à l'apéritif, de même qu'aux crustacés, aux poissons à chair maigre et aux fruits de mer.

L'Orpailleur élevé en fût de chêne, vin blanc

Également issu entièrement du seyval blanc, ce produit passe cependant de 2 à 4 mois en fût de chêne, ce qui en fait un vin un peu plus ample et plus souple, tout en lui conférant des notes de bois bien intégrées et une touche vanillée. On le dégustera avec du poisson ou de la volaille grillée.

L'Orpailleur, vin rosé

Né du mariage des variétés de chaunac, frontenac, maréchal-foch et seyval noir, ce vin rosé habillé d'une robe claire n'en est pas pour autant dénué d'arômes. La fraise et la framboise fraîches s'y dévoilent dans un ensemble frais et harmonieux.

L'Orpailleur, vin rouge

Issu des cépages frontenac , maréchal-foch et seyval noir, ce vin dévoile des notes de fruits rouges, de prune et de sous-bois complétées par une touche boisée. Souple et équilibré, il se sert légèrement rafraîchi en accompagnement de grillades.

Photos : Vignoble de l'Orpailleur.

Cuvée Spéciale, vin gris demi-doux demi-sec

Tout simplement succulent, ce vin au nez très aromatique est issu des cépages parfumés geisenheim et muscat de New York, auxquels est ajouté du seyval blanc. Puisque c'est ce qu'on appelle un « vin gris » (la peau du muscat de New York est en effet teintée), vous pourrez observer sa teinte légèrement saumonée. Ce vin demi-sec sera le compagnon idéal de vos sushis et de certains mets asiatiques, mais aussi des fromages en fin de repas.

L'Orpailleur, vin de glace

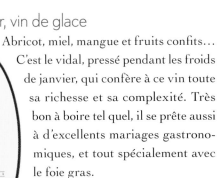

Abricot, miel, mangue et fruits confits… C'est le vidal, pressé pendant les froids de janvier, qui confère à ce vin toute sa richesse et sa complexité. Très bon à boire tel quel, il se prête aussi à d'excellents mariages gastronomiques, et tout spécialement avec le foie gras.

L'Orpailleur Brut de brut, vin mousseux

Excellent mousseux élaboré selon la méthode traditionnelle (seconde fermentation en bouteille, comme en Champagne), il provient exclusivement du seyval blanc. Comme aucune liqueur de dosage n'y a été ajoutée, c'est un mousseux brut, donc très sec. Il offre une vivacité très présente en bouche, de même qu'une agréable prise de mousse.

Vin de Marquise, vin fortifié blanc

Issu de seyval blanc, ce vin additionné d'alcool profite d'une macération en compagnie de fruits et d'épices. Il en résulte un vin doux et enjôleur par sa richesse et sa multitude d'arômes de fleurs, de vanille et d'épices douces.

Ci-haut sont perchés les dames-jeannes qui permettront au produit « La part des Anges » d'acquérir sa personnalité unique, alors que l'alternance des saisons jouera sur la maturation de cette boisson pendant 6 ans, avant sa mise en bouteilles.

Apérid'Or, mistelle

Comme doit l'être une mistelle, c'est le jus non fermenté du seyval blanc qui, muté à l'alcool, a ensuite profité d'un vieillissement de plusieurs mois. En bouche, on découvre un vin doux aux parfums de fruits séchés, une bonne fraîcheur et une finale qui rappelle un peu la noisette.

La Part des Anges, mistelle

Comme pour l'Apérid'Or, l'eau-de-vie est ici ajoutée au jus non fermenté, mais il est extrait des grappes les plus dorées du vignoble. Après une exposition à l'air libre et aux intempéries (on peut d'ailleurs voir à l'arrière du bâtiment principal les contenants où il est entreposé), il profite d'un élevage en fût de chêne pendant deux ans. Les fibres du bois laissant s'évaporer un tiers du liquide pendant ce temps, la cuvée perd ce qu'on appelle traditionnellement la « part des anges ». Ici, toutefois, ce sont plutôt aux deux tiers restants qu'est appliquée cette appellation poétique. Selon le type d'élevage, le résultat se caractérise par une riche complexité aromatique alliant des notes de fruits cuits, de torréfaction, de noix et de caramel au beurre.

Pour s'y rendre

À partir de Montréal, prendre l'autoroute 10 en direction est jusqu'à la sortie 22 pour emprunter l'autoroute 35 en direction de Saint-Jean-sur-le-Richelieu et Saint-Luc. Roulez sur environ 18 km, avant de garder votre gauche pour poursuivre sur la route 133 pendant encore 28 km. Prenez ensuite la route 202 à votre gauche, pour tourner à droite sur la rue du Pont puis tout de suite à gauche sur la rue de la Rivière. Vous reprendrez alors la route 202 sur 12 km, jusqu'à ce qu'elle devienne la rue Bruce. Vous ne pouvez pas vous tromper !

Vignoble les Pervenches

150, chemin Boulais • Rainville-Farnham
450 293-8311 • www.lespervenches.com

VIGNOBLE MODESTE quant à la superficie cultivée, il n'en est pas moins dynamique et avant-gardiste, pour ne pas dire carrément révolutionnaire. En plus de figurer parmi les rares vignerons à avoir obtenu une certification biologique au Québec, ses propriétaires vont jusqu'à mettre en pratique les principes de la biodynamie, cette mystérieuse méthode agraire qui s'inspire des mouvements cosmiques et recourt à des substrats vitaminés en doses homéopathiques. Le vignoble offre une apparence splendide, avec son importante quantité de chardonnay, cépage blanc le plus populaire de la pratique viticole mondiale (et sûrement un des plus appréciés !). Les Pervenches est en effet le premier et le seul vignoble à avoir conquis le cœur des œnophiles avec son vin issu de ce divin cépage désormais cultivé en sol bien québécois (d'autres producteurs leur ayant emboîté le pas). Voilà de quoi démentir les préjugés qui jadis ternissaient la réputation des vins d'ici. Comme le dit toujours une de mes bonnes amies, la vérité est dans le verre !

Photo : Vignoble les Pervenches.

La petite histoire

Les Pervenches (nom emprunté à ces jolies plantes herbacées aux fleurs violacées) existent depuis 1991. Son propriétaire savoyard d'alors vendait ses fruits à d'autres vignerons désireux de les transformer en vin (notamment à celui de l'Orpailleur et au regretté Victor Dietrich). Conservant le nom du vignoble, les propriétaires actuels, Véronique Hupin et Michael Marler, l'ont acquis en 2000 et, croyez-le ou non, ce fut après avoir hésité entre différents endroits du globe. Le Québec fut finalement choisi pour se lancer en viticulture !

Le couple se complète à merveille, tant dans la vie qu'au vignoble, et ce n'est pas sans bagages qu'il s'est lancé dans une telle aventure. En effet, Michael possède un diplôme en agriculture de l'Université McGill, en plus d'avoir profité d'un stage d'échange à l'École supérieure d'agriculture de Purpan, chez nos amis français. Véronique, quant à elle, excelle dans les finances et la commercialisation, comme en témoigne le MBA qu'elle a obtenu aux HEC de Montréal, mais elle est tout aussi passionnée par le vin !

La situation du vignoble

Bien orienté, avec une légère pente pointant vers le sud-est, le vignoble, avec ses trois hectares de vignes, profite également de la protection qu'offre une forêt d'érables située aux côtés nord et ouest. Il en résulte un endroit des plus favorables à la viticulture. Sa pente a pour effet d'éviter les accumulations d'eau et de faciliter l'évacuation de l'air froid tout en favorisant la réception du rayonnement solaire. Son sol est en bonne partie sablonneux et, fait intéressant, il change de nature à un certain endroit, puisqu'à partir de là, la couleur des feuilles de vigne n'ont plus la même intensité. Cette différence se répercute d'ailleurs jusque dans le verre : alors que la cuvée issue de la première partie du terroir

De ce pressoir est libéré le jus de raisin qui servira à faire le vin.

a un aspect tranchant et minéral, celle de l'autre partie dévoile incontestablement une texture plus suave et des notes de fruits plus riches. Mais une fois assemblées, c'est la beauté de la chose dans le vin : ces deux cuvées produisent un résultat tout à fait délicieux qui profite sûrement de la complexité que chacun apporte par sa personnalité distincte.

À faire sur place

Les dégustations et les visites se font sur rendez-vous seulement, mais il vous est également possible de savourer les produits de ce vignoble à la table de plusieurs restaurants réputés. En effet, trois de leurs cuvées apparaissent sur la carte des vins de chez Toqué !, Laloux, Pied de Cochon, L'Épicier et bien d'autres à Montréal, mais aussi au Château Bromont ainsi que sur une douzaine d'autres bonnes tables dans les Cantons-de-l'Est, et également à Québec et dans les Laurentides. N'hésitez pas à consulter le site Internet pour la liste complète. Bon appétit !

Les produits offerts

Chardonnay-Seyval, vin blanc
Ce produit unique qui a fait sa marque saura vous séduire par la qualité de son assemblage mariant le cépage traditionnel des grands bourgognes blancs à une variété bien adaptée au Québec. Vinifié et élevé en fûts de chênes français et américains, ce vin sec offre des parfums de pomme, de poire, de fleur et de vanille, ce dernier justement légué par le chêne, qui confère également une note de beurre… le tout dans une exquise persistance aromatique. Hâtez-vous, les quantités sont limitées et s'envolent vite !

Seyval-Chardonnay, vin blanc
Digne représentant du vignoble, en ayant cette fois le seyval blanc comme cépage vedette, ce vin est également sec mais se distingue par son caractère vivifiant, dû à ses notes d'agrumes et d'autres fruits à chair blanche. Rond et persistant, il présente un équilibre idéal et accompagnera harmonieusement vos ceviches de pétoncles ou tout autre fruit de mer ou poisson délicatement relevé d'agrumes.

Le Solinou, vin rouge
Issu d'un assemblage de frontenac, de maréchal-foch, de bacco noir, de seyval noir et de zweigelt, ce rouge se veut léger et gouleyant tout en séduisant par ses arômes croquants de fruits rouges. Servez-le légèrement rafraîchi pour mieux le savourer.

Cuvée de Montmollin, vin rouge

Plus costaud que le précédent, il est issu des cépages maréchal-foch, frontenac et zweigelt.

Alliant une structure équilibrée aux tannins présents mais souples, cette cuvée soutient ses parfums de fruits noirs bien mûrs. Un vieillissement en fût de chêne pour une partie de la récolte lui confère en finale une touche torréfiée. Servez-le sans gêne avec les plats de viande rouge et les petits gibiers, de même que les fromages moyennement relevés.

Pour s'y rendre

À moins d'une heure de Montréal, vous y accéderez par la sortie 48 de l'autoroute 10, ou par la sortie 55 si vous venez de Sherbrooke. Prenez la direction pour Farnham, empruntez ensuite la route 104 vers Cowansville, puis tournez sur le chemin Boulais en direction de Saint-Ignace de Stanbridge. Soyez attentif, c'est tout près !

Losque le gel guette les fruits de la vigne, l'utilisation de brûleurs peut s'avérer salvateur.

Vignes de chardonnay à l'automne.

Centre-du-Québec

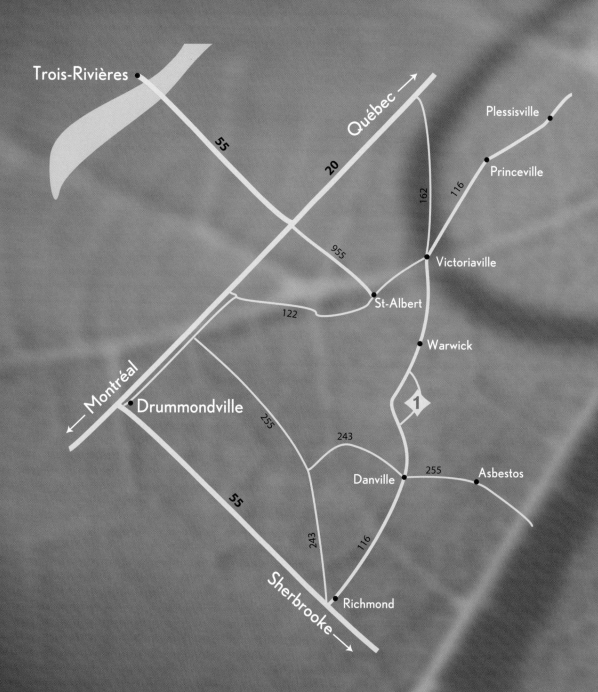

Trois-Rivières

55

Québec

20

Plessisville

Princeville

162

116

955

Victoriaville

122

St-Albert

Warwick

1

Montréal

Drummondville

255

243

255

Danville

Asbestos

55

243

116

Sherbrooke

Richmond

1. Vignoble les Côtes du Gavet

Vignoble les Côtes du Gavet

1690, chemin de l'Aqueduc-Tingwick • Warwick
819 850-3391 • www.vignoblegavet.com

Photo: Vignoble les Côtes du Gavet.

QUEL PLAISIR J'AI EU, par un agréable samedi après-midi, à rencontrer Carole Laverdière, l'heureuse propriétaire de cet accueillant petit vignoble, situé à la frontière des villages de Warwick et de Tingwick dans la région des Bois-Francs ! Elle m'a accueillie comme l'aurait fait une amie, à sa table personnelle, pour y discuter tout en sirotant une tisane. Avant, bien sûr, de me faire découvrir ses vins qui, pour ma part, m'ont convaincue que l'éloignement des centres névralgiques de viticulture du Québec n'empêchait en rien de produire des vins tout à fait respectables !

Comptant parmi les rares femmes d'ici à affronter le défi de la viticulture québécoise, Carole Laverdière entend inscrire sa région au rang de celles qui possèdent un potentiel viticole au Québec. Je lui souhaite donc de tout cœur le succès escompté, et je suis persuadée qu'en lui rendant visite vous aurez autant de plaisir que j'en ai eu !

La petite histoire

Amoureuse de la campagne, Carole acquiert au début des années 1990 l'immense terrain de 116 acres qu'elle souhaitait consacrer à la culture fruitière, pour s'immerger dans le bain de jouvence de Dame Nature. Mais quoi planter ? Cassis, gadelles et autres petits fruits lui auraient plu, mais il a suffi d'une petite balade sur la route des vins du Québec, avec son compagnon de vie Roger, pour que son choix s'arrête sur la viticulture. Elle qui était déjà amatrice de la divine boisson, y a reçu l'étincelle qui allait enflammer sa nouvelle passion. Des analyses de sol, une planification du futur emplacement et quelques recherches sur le climat environnant précédèrent les premières plantations en 2000, suivies des premières cuvées en 2004. Mais tout n'aura pas été si simple. La nature ne se laisse pas dompter, c'est plutôt à nous de nous y adapter. Quelques constats, certains plus tragiques que d'autres, suffirent pour donner toute la mesure du travail colossal à accomplir. Des modifications durent être apportées, comme le défrichage d'une bande de forêt, pour permettre une meilleure circulation des vents d'ouest et éviter ainsi les gelées en plein mois de juin, mais il fallut aussi opérer un choix plus judicieux dans les parcelles de plantation pour, encore une fois, gagner quelques dixièmes de degrés salvateurs. Des filets ont également dû être installés pour protéger les fruits contre les volatiles gourmands et une clôture a été érigée pour les protéger contre les animaux sauvages. En 2004, en effet, une mauvaise surprise attendait Carole au lever du jour : les ratons laveurs avaient saccagé la moitié de la récolte, laissant entre les rangs de vigne un sol rougeoyant de grappes meurtries… « Il faut vraiment être passionné, conclut-elle, pour se lancer en viticulture. Si vous ne l'êtes pas, inutile de vous y embarquer. Il faut suivre la nature sept jours sur sept, sinon on paye pour… »

Vue sur les premiers rangs de vignes qui surplombent le côteau d'une parcelle du vignoble.

Photos : Vignoble les Côtes du Gavet.

Situation du vignoble

Le coteau sablonneux et caillouteux du vignoble, orienté sud-sud-est, abrite à ce jour environ 6 000 plants de vigne sur 1,5 hectares, mais on en prévoit 10 000 pour 2010. Présentement, les variétés vandal-cliche, sabrevois et sainte-croix lui font honneur, mais de nouveaux cépages prometteurs sont envisagés pour les prochaines mises en sol.

À faire sur place

Depuis le printemps 2009, un agrandissement du chai et la construction d'une cave à vin dans le roc sous le bâtiment principal s'ajoutent au charme de l'endroit et permettent dorénavant la tenue d'événement festifs et d'activités de dégustation de plus grande envergure. Visites guidées, table champêtre, activités d'entreprise et dégustations vins et fromages sont également du lot pour agrémenter vos moments passés au vignoble les Côtes du Gavet. Enfin, une terrasse attenante à la devanture du vignoble vous fera découvrir une vue splendide sur un coin de la région. « Le paysage est là, nous n'avons pas de mérite… il faut le partager ! » disait humblement Carole lors de notre entrevue. À vous maintenant d'en profiter !

Produits offerts

Les Côtes du Gavet, vin blanc

Issu du vandal-cliche, ce vin blanc dévoile des notes florales accompagnées de parfums de pomme et de poire. Sec et pourvu d'une bonne fraîcheur, il se dégustera aisément à l'apéritif, de même qu'avec les crustacés.

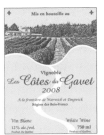

Les vins du Québec | Région du Centre-du-Québec

89

Les Côtes du Gavet, vin rosé

Complément des moments de détente en nature, ce rosé sec aux arômes de fraises et de framboises se mariera agréablement avec les plats de poisson et de viandes blanches grillées, de même qu'avec la cuisine méditerranéenne en général.

Les Côtes du Gavet, vin rouge

Issu du cépage sabrevois, ce délicieux rouge de bonne stature a profité d'un élevage en fût de chêne. Il dévoile des parfums de cerise noire et de sous-bois, et plaira par sa finale légèrement épicée. Un complément intéressant pour vos repas de viandes rouges relevées.

Pour s'y rendre

Prenez l'autoroute 20 en direction est, jusqu'à la sortie 173 pour accéder à l'autoroute 55 Sud. Franchissez les 38 km qui vous mèneront à la sortie 88 pour la route 116 en direction d'Acton Vale et tournez à gauche pour demeurer sur la 116. Prenez la rue Craig à gauche et continuez sur la route 116 pour 23 km. Faites presque demi-tour en prenant le chemin Castle Bar, puis tournez à gauche sur le chemin de Kingsey. Terminez par le chemin de l'Aqueduc pour 4,5 km. Le vignoble se trouve à votre gauche.

Photo : Vignoble les Côtes du Gavet.

Lanaudière

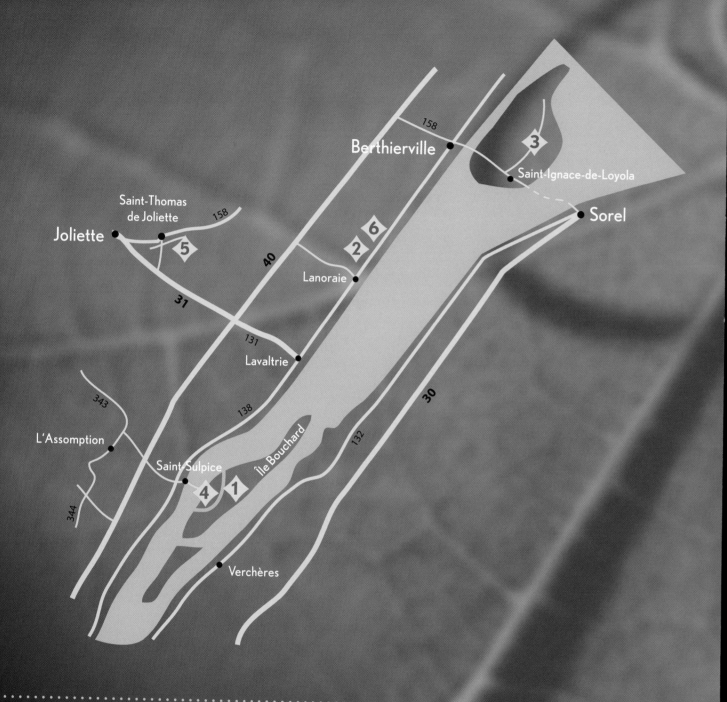

Berthierville

Saint-Ignace-de-Loyola

Sorel

Saint-Thomas
de Joliette

Joliette

5

2 **6**

Lanoraie

Lavaltrie

L'Assomption

Saint-Sulpice

Île Bouchard

4 **7**

Verchères

158

40

31

131

138

132

30

343

344

3

1. Vignoble Bouche'Art

2. Vignoble Carone

3. Vignoble Clos Saint-Ignace

4. Domaine de l'Île Ronde

5. Vignoble le Mernois

6. Vignoble aux Pieds des Noyers

Vignoble Bouche-Art

96, chemin de la Chapelle, L'Île-Bouchard • Saint-Sulpice
514 655-8673 • www.vignobleilebouchard.com

Photo : J. Perreault.

ACCESSIBLE UNIQUEMENT par voie navigable, ce tout nouveau vignoble possède un cachet unique grâce à sa situation insulaire. Mais son attrait est aussi attribuable au mystère et à l'enchantement qu'offre la vue de la maison qui s'y dresse. Presque tricentenaire, cette demeure à l'imposante cheminée centrale a d'ailleurs respectueusement été rénovée par ses nouveaux propriétaires, et a ainsi conservé tout son charme d'antan. Tout près, se trouve un gigantesque peuplier deltoïde dont la base approche les neuf mètres de diamètre. Enfin, visible jusque de l'autre côté de la rive, un coquet bâtiment rouge et blanc fait office de chai, nouvelle vocation qui vient à peine de lui être assignée.

La petite histoire

Martine Asselin est hygiéniste dentaire et Alain Lavoie, informaticien. Vers la fin des années 1990, à l'occasion de leurs vacances annuelles, le couple décide de naviguer sur le chenal Saint-Pierre ; ce qui devait être au départ une simple balade, devint le point de

des informations sur la réelle situation de la propriété. Mais comme on le dit souvent, le hasard fait bien les choses. En effet, au moment de leur visite, l'exécuteur testamentaire du défunt propriétaire arriva aussi sur les lieux ! Sur le coup, nos aventuriers craignirent de passer pour des voleurs, mais ce malaise laissa vite place aux présentations puis à une offre d'achat. C'est ainsi que le couple de passionnés put enfin démarrer son projet.

Restait encore à apprendre le métier ! L'énergique Martine sut s'entourer de plusieurs atouts. Celle qui avait commencé comme « espionne » au Domaine de l'Île Ronde (surnom qu'on lui a amicalement donné lorsqu'elle entreprit d'y apprendre le métier auprès de Jocelyn Lafortune, le propriétaire), s'est aussi liée d'amitié avec un voisin. Ce dernier avait observé depuis sa demeure, à la lunette d'approche, les premières manœuvres maladroites de l'apprentie vigneronne au volant de son tracteur... Heureusement, la famille eut tôt fait d'apprivoiser tant cette nouvelle passion que son nouveau mode de vie insulaire. Lorsque vous croiserez ces nouveaux vignerons, ils vous gratifieront assurément d'un sourire, même de leur fou rire, ainsi que de toutes sortes d'anecdotes rigolotes !

La situation du vignoble

Profitant d'une période végétative assez clémente pour y envisager une viticulture adaptée, sa situation insulaire permet également au vignoble de profiter de l'apport thermique supplémentaire légué par la masse d'eau du fleuve Saint-Laurent. Composé principalement d'argile et de limon, son sol accueille aujourd'hui plus de 10 000 plants de sainte-croix, delisle, louise swenson et frontenac gris.

À faire sur place

Moyennant un coût de 35 $ (vous avez aussi la possibilité de demander des tarifs de groupe au moment de la réservation), vous pourrez vivre l'expérience unique d'une traversée du fleuve, grâce à un service de navette au départ de la rive à Verchères. Ces excursions guidées, offertes pour des groupes de 10 à 12 personnes, sont disponibles tant en français qu'en anglais. Elles incluent une visite commentée de la maison tricente-

départ d'un projet aussi inusité que captivant : la création de leur vignoble.

C'est en longeant la rive que les plaisanciers aperçurent la mystérieuse demeure qui est aujourd'hui la leur et qui date du début du XVIIIe siècle. Comme elle leur semblait abandonnée, ils furent piqués par la curiosité et se rendirent à la berge. Ils y trouvèrent alors, gisant au sol, une pancarte d'agence immobilière. Le vent et la désolation de l'endroit étaient apparemment ses seuls témoins. Cependant, le site allait littéralement tomber dans l'œil de Martine la rêveuse, mais surtout de Martine la fonceuse ! Un coup de téléphone ne donna aucun résultat : pas de réponse de l'agent immobilier. Qu'à cela ne tienne, une succession de projets se mirent tout de même à mijoter dans la tête de Martine. Mais ni l'agriculture, ni l'idée d'un *bed & breakfast* n'allaient allumer le sympathique duo, amateurs de vins, autant que celle d'implanter un vignoble. Ne lâchant pas prise, et non sans anxiété ou la crainte de se buter à l'inaccessible, Martine et Alain retournèrent sur place, pour glâner

naire, de même qu'une petite incursion dans le monde de la viticulture et de la vinification. Le tout, bien sûr, agrémenté d'une visite du chai et des vignes, ainsi que d'une dégustation de leurs cuvées. Voilà une agréable façon de se familiariser avec le métier d'artisan-vigneron, tout en s'imprégnant d'un environnement exceptionnel !

Vous pourrez aussi profiter du forfait *Brunch et découverte* pour 10 $ supplémentaire. Les départs se font les samedis et dimanches des rives de Saint-Sulpice ou de Verchères, à 9 h 30. Ce forfait inclut un brunch animé d'un récit du mode de vie des insulaires. Enfin, diverses activités de groupe sont également offertes sur demande : de la dégustation de vins et de fromages au repas gastronomique. Sur demande, il est possible d'accompagner ces activités d'une prestation artistique.

Les produits offerts

Soleil de l'Isle, vin blanc

D'une couleur jaune clair, ce vin dévoile un nez de fruits confits, d'épices et de mangue verte. Sec et pourvu d'une matière ample, il se déguste seul à l'apéritif ou s'agence agréablement bien à des sushis.

Mirage, vin rosé

D'une intensité colorante importante, son nez de framboise et de fruits en confiture caractérise ce vin rosé à la fraîcheur notoire. Souple et accessible, il plaira en apéritif, avec les fruits de mer ou encore accompagné de grillades de volaille.

L'Insulaire, vin rouge

Pourvu d'une teinte intensément violacée, ses notes de fruits noirs sont indéniables tant au nez qu'en bouche.

Sa structure tannique évidente est soutenue par une vivacité bien présente, ce qui lui vaudra un certain potentiel d'évolution. Servez-le avec les viandes rouges et les pâtes en sauce épicées.

Pour s'y rendre

Situé à seulement 20 minutes de Montréal, vous vous y rendrez par la route 132 est, jusqu'à Verchères. Le quai municipal se trouve au bout de la rue de la Madeleine.

Vignoble Carone

75, rue Roy • Lanoraie
450 887-2728 • www.carone.com

SITUÉ NON LOIN de la rive nord du fleuve Saint-Laurent à Lanoraie, le vignoble Carone apparaîtra sous vos yeux au bout de ce qui semble à première vue un chemin sans issue, mais qui s'ouvre sur le paysage magnifique qu'offrent les vignes bien alignées : une entrée circulaire, un petit stationnement à votre droite, un chai situé à quelque pas de la boutique… Préparez-vous à y constater l'heureux mélange qu'offre l'expertise des propriétaires, acquise par le jumelage de la tradition et de la modernité, tout en vous émerveillant sur l'originalité des cépages cultivés et de l'approche adoptée dans la commercialisation des produits.

La petite histoire

Les propriétaires, Sarah Hoodspith et Anthony Carone, sont des passionnés qui combinent leurs atouts dans une symbiose parfaite. Anthony, descendant d'une famille italienne où les traditions vinicoles ont toujours fait partie des mœurs, a également-

ment acquis son expérience en vinification, notamment dans la péninsule du Niagara et en Oregon, là où le capricieux pinot noir s'exprime avec richesse et élégance. Sarah, quant à elle, est un véritable as du marketing. Son souci du détail et son professionnalisme incontestable font d'elle le complément parfait de son conjoint. Chez Carone, on croit beaucoup au potentiel viticole des régions froides. À cet effet, vous serez probablement étonné d'apprendre la place qu'y occupent la recherche et l'expérimentation. Selon Sarah et Anthony, la clé du succès réside dans l'obtention de nouvelles variétés de qualité, issues du croisement d'un cépage de la famille des *Vitis vinifera* (à l'origine des meilleurs variétés européennes, tels le chardonnay et le merlot) avec un autre plus résistant au froid, mais différent des *Vitis labrusca* (à l'origine de la majorité des cépages hybrides utilisés au Québec). Se fondant sur ce principe, Sarah et Anthony

ont décidé de réserver une parcelle de leur vignoble
aux expérimentations. Avec leur millier de plants différents, ils espèrent faire la découverte de nouvelles
variétés prometteuses. Ce sera un pas de géant pour
la viticulture en région froide si leurs tentatives réussissent, car elles mettent à contribution le sangiovese,
mais aussi le pinot noir et le tempranillo. On n'a pas
fini d'être étonné !

Fils d'un immigrant italien, c'est d'ailleurs
avec feu son père qu'Anthony a fait ses débuts en vinification. C'est de belle façon que les propriétaires poursuivent son œuvre et perpétuent son nom, notamment
par la création de la toute première bourse d'études en
collaboration avec l'ITHQ (Institut du tourisme et de
l'hôtellerie du Québec) à l'intention des étudiants qui
se distinguent par leurs connaissances en vitivinicul-
ture québécoise.

Sans aucun doute, les deux filles du couple,
âgées de 9 et 12 ans, occupent des postes qui ne manquent pas d'importance au sein de l'entreprise, avec
chacune une vice-présidence bien définie (carte professionnelle à l'appui !). Victoria, la plus grande, assiste sa
mère par son profil très « marketing », alors qu'Olivia,
la cadette, se spécialise dans la chaîne de production,
notamment à l'embouteillage… Comme quoi il n'est
jamais trop tôt pour préparer la relève !

La situation du vignoble

Chez Carone, l'obtention de raisins bien mûrs relève
d'un savoir-faire soucieux des conditions environne-
mentales typiques de la région. Une attention particulière est apportée à la façon de disposer les vignes les
unes par rapport aux autres, mais aussi à la hauteur où
se forment les grappes. Ces paramètres ont été définis
après une savante étude des moyennes thermiques opti-
males obtenues selon la disposition des plants et en raison de la nature plutôt sablonneuse du sol. Les Carone
s'assurent ainsi de procurer à leurs plants le maximum
d'apport calorifique, ce qui est capital pour la viticulture en région froide. Selon Anthony, la méthode
aujourd'hui préconisée repousse les vendanges de deux
semaines par rapport à l'originale, ce qui assure une
maturation supérieure. Mais son inventivité ne s'arrête
pas là. Poussez votre curiosité jusqu'au chai: vous y
découvrirez l'aspect si particulier des cuves qu'il a fait

Photos: Vignoble Carone.

Fûts de chêne et dame-Jeanne

fabriquer sur mesure. Peu profondes mais de grand diamètre, elles facilitent l'étape du pigeage (action de briser le chapeau formé des particules solides pendant la fermentation) tout en amplifiant l'apport phénolique (couleur et tannins) des peaux de raisin au moût. Une autre originalité avant-gardiste qui distingue cette entreprise dynamique !

Un style de marketing moderne et percutant

Il est assez inhabituel qu'un vignoble d'ici mette en ligne sur Youtube des vidéos promotionnelles (taper « Carone wines » dans la page d'accueil www.youtube.com) et sur Facebook le profil de l'entreprise (taper « Vignoble Carone » dans la page d'accueil www.facebook.com). Pourtant, une semblable vitrine dans le cyberespace représente une excellente astuce promotionnelle, eu égard à son faible coût par rapport à l'importance numérique du public ainsi rejoint. Décidément, avec le vignoble Carone, on est loin de l'image du producteur artisanal en bottes de caoutchouc, exilé du monde dans son terroir.

À faire sur place

Sur rendez-vous, vous pourrez y faire halte pour visiter le vignoble et ses installations. Il est également possible d'y organiser des événements d'entreprise. Une salle de dégustation sera mise à votre disposition. Vous pouvez également commander les vins sur Internet en vous rendant sur le site Web du vignoble.

Les produits offerts

Cabernet Severnyi, vin rouge

Composé presque entièrement de ce cépage (90 %) cultivé nulle part ailleurs au Québec et complété par du frontenac, ce rouge charpenté est assurément le porte-étendard de la gamme de Carone. Il a profité d'un passage bienfaisant d'une année et demie en barriques neuves de chêne français et américain. Couronné de nombreuses médailles d'or et d'argent dans divers concours d'envergure en Amérique du Nord, il a confirmé son prestige jusque dans les palais officiels à l'échelle internationale. Un des meilleurs vins rouges québécois que j'ai eu la chance de goûter.

Frontenac, vin rouge

Portant le nom du cépage majoritaire, ce rouge est complété par les variétés landot, landal noir et pinot noir. Avec son fruité généreux d'une intensité remarquable, il bénéficie d'un passage de dix mois en fût de chêne américain qui lui confère une touche charmeuse de vanille et d'épices, de même qu'une texture souple.

Vérità, vin rouge

Signifiant tout simplement « vérité », ce vin gagnera le cœur des amateurs de rouges costauds. Issu d'un assemblage de plusieurs cépages, on y trouve, par ordre décroissant, du frontenac, du cabernet severnyi, du sabrevois et quelques autres. Il s'agit du nec plus ultra du vignoble, produit uniquement avec les récoltes les plus mûres et disponible en quantités restreintes.

Bin 33, vin rouge

Indiscutablement une signature « Nouveau Monde », comme certains vins australiens et californiens. Ce rouge se compose majoritairement de frontenac (70 %), complété par du sabrevois (20 %) et du cabernet severnyi. Son style séduira l'amateur de vin aux notes vanillées, presque sucré, avec son fruité imposant et son acidité très discrète.

Iceberg

Vin de dessert qui plaît par une teneur modérée en sucre résiduel, cette délicieuse boisson obtenue par cryo-concentration* est élaborée à partir de variétés plutôt rares ici : le viblanc, l'acadie blanc et l'ortega. Vous y trouverez un bel équilibre structural ainsi que des notes de fruits à noyau (pêches et mangues) et un parfum de miel.

    * *La cryo-concentration est un procédé de concentration*
      du sucre des fruits sous l'action de la congélation.

Rosso Classico, vin rouge

Obtenu par l'assemblage de six cépages, ce rouge est plus léger, plus délicat et subtil que les autres rouges du vignoble, il se caractérise par des notes de cerise, de chocolat et une finale épicée. Aucune intervention du bois, que la pureté des fruits rassemblés dans cette cuvée.

Pour s'y rendre

Si vous arrivez de Montréal, prenez l'autoroute 40 en direction est, jusqu'à la sortie 108 pour atteindre la route 343 en direction de Saint-Sulpice. Après 4 km de là, tournez à droite sur la montée Saint-Sulpice, puis à gauche sur la rue Notre-Dame et roulez 14 km. Continuez sur Grande-Côte Ouest sur environ 6 km, puis sur Notre-Dame sur encore 2 km, et tournez finalement à gauche à la rue Roy.

Photos : Vignoble Carone.

Un pressoir antique. Aujourd'hui, le pressoir pneumatique permet un meilleur contrôle de la pression lors de l'extraction du moût. On évite ainsi de trop écraser les matières solides, ce qui confère de l'amertume au vin.

Vignoble Clos Saint-Ignace

756, rang Saint-Isidore • Saint-Ignace-de-Loyola
450 836-1701 • www.clos-st-ignace.com

SI VOUS N'ÊTES PAS de la région, il vous faudra organiser une petite halte au vignoble Clos Saint-Ignace et visiter les environs de l'île. Saint-Ignace-de-Loyola est situé en plein cœur de l'archipel du lac Saint-Pierre, désignée Réserve de biosphère par l'Unesco en 2000. Ce vignoble est facilement accessible et vous serez à coup sûr chaleureusement reçus par les propriétaires, Guy Chapleau et Guylaine Fauteux, dans le coquet bâtiment qui sert de pavillon d'accueil.

La petite histoire

En plus d'un intérêt évident pour la vinification et ses possibilités, le couple possédait les connaissances néces-saires pour se lancer dans cette aventure. Guylaine Fauteux, détentrice d'un diplôme en administration, et Guy Chapleau, spécialisé en horticulture fruitière, firent leurs premiers pas en élaborant des vins de petits fruits, mais leur nouvelle passion prit rapidement une place très importante dans leur vie. Leur parcours n'a pas été facile, mais leur détermination sans faille a porté fruit, car leur charmant vignoble vient d'ouvrir ses portes. On peut maintenant contempler le résultat de plusieurs années de dur labeur. Élever 5 enfants tout en développant le vignoble et en plantant 20 000 pieds de vigne fut loin d'être reposant. De plus, Guy parcourait en même temps des kilomètres quotidien-nement pour aller travailler à Montréal comme infor-

Photos : Vignoble Clos Saint-Ignace.

Photos: Vignoble Clos Saint-Ignace.

La situation du vignoble

La proximité de l'eau et le sol argilo-sableux font de ce vignoble un site privilégié. Grâce à des températures suffisantes et à une saison viticole assez longue, la culture du raisin y est profitable. Certains cépages sont plus rustiques et peuvent aisément traverser nos rudes hivers sans crainte, mais d'autres, plus douillets, nécessitent une protection supplémentaire (paillage, buttage ou pose de toile géothermique). Preuve supplémentaire du dynamisme des viticulteurs québécois, Guy Chapleau a prévu une taille très basse des plants et il les attache à des piquets amovibles. Juste avant la venue de l'hiver, il ne lui reste plus qu'à retirer les piquets du sol et à laisser les plants couchés par terre. De cette façon, la neige, qui s'accumule en quantité moins abondante que dans d'autres régions du Québec, couvre entièrement les plants. Cette isolation naturelle les protège.

À faire sur place

De juin à octobre, dégustation de vin et visite libre vous sont offertes du vendredi au dimanche entre 13 h et 17 h. Il est néanmoins possible d'y aller en dehors de ces plages horaires, en réservant au préalable. Profitez de l'air de la campagne et installez-vous confortablement sur une des tables disponibles à l'extérieur pour un pique-nique ou allez découvrir le charme du vignoble en vous y baladant et en vous y instruisant grâce au parcours d'interprétation qui s'y trouve. Lors de votre visite guidée, il vous sera également possible de jeter un œil sur les cuves du chai dont certaines, autre innovation apportée par Guy, sont des fûts d'inox de 155 litres dont il contrôle l'oxygénation pour obtenir un goût distinctif.

Les produits offerts

maticien. À cela, il a fallu apporter des changements à leur vignoble lors des premières récoltes, car ils avaient sous-estimé l'appétit des animaux sauvages. En effet, la première vendange prit l'allure non pas d'une cueillette, mais bien d'une chasse aux raisins, puisque près de 90 % des grappes avaient été mangées par des coyotes. Pourtant, cela ne les a pas empêchés de retrousser leurs manches et de poursuivre leur rêve. Certains diront qu'il faut être fou, d'autres comprendront jusqu'où peuvent mener les passions !

Le Cuvée Loyola, vin blanc
Issu des cépages prairie-star et vandal-cliche, ce vin blanc sec bénéficie pendant quelques temps d'une remise en cuve des lies fines avant d'être filtré et embouteillé. Il en résulte un vin aux parfums floraux assez intenses et caractérisé par une structure souple et ample en bouche.

Le Cuvée Loyola, vin rosé

Provenant d'un assemblage de plusieurs variétés du vignoble, soit les frontenac, radisson, sainte-croix et vandal-cliche, ce vin rosé tout simple saura vous plaire en apéritif ou vous désaltérer par un bel après-midi d'été.

Le Cuvée Loyola, vin rouge

Mariant à la fois les frontenac, maréchal-foch, radisson, sabrevois et sainte-croix, ce vin rouge sec de couleur soutenue est également caractérisé par des notes de fruits rouges et noirs, de même que par une touche légèrement herbacée en finale.

Le Muscat Saint-Ignace, vin fortifié blanc

Une belle découverte que ce vin issu d'une variété de cépage de la famille des muscats ! Un parfum très typé de fruits frais et de fleur d'oranger, un sucre résiduel bien dosé et un équilibre parfait de l'acidité en font un compagnon génial tant à l'apéritif que pour accompagner les fromages relevés en fin de repas et les desserts aux fruits blancs. À servir frais.

Le Réserve de l'archipel, vin rouge fortifié

Vin de type porto issu des cépages frontenac, radisson, sabrevois et sainte-croix, on y trouvera des notes de noisette et de caramel au beurre, résultant de son mode d'élevage. Fruits noirs cuits et fruits séchés complètent la gamme des arômes. Servez-le frais, en fin de repas, seul ou avec de doux péchés chocolatés.

Pour s'y rendre

Si vous arrivez de la rive nord, empruntez la sortie 144 pour Berthierville, puis tournez à gauche aux feux de circulation. Cette route prend le nom d'avenue Gilles-Villeneuve et se confond avec la route 158. À l'intersection de la route 138, tournez à gauche en direction de Trois-Rivières, puis suivez les indications pour le traversier. Aux feux, tournez à droite sur la rue De Bienville et roulez encore 4 km. Vous devriez traverser trois ponts. Tournez enfin à gauche sur le premier chemin, au garage Esso : il ne vous restera ensuite plus que 3 km à parcourir sur le chemin Isidore avant d'arriver au vignoble.

Si vous arrivez de la rive sud, vous devrez prendre le traversier pour Saint-Ignace-de-Loyola à Sorel-Tracy (vérifiez les horaires en appelant au 1-877-787-7483). À la descente du traversier, continuez sur la route 158 et traversez le village jusqu'au garage Esso. Tournez à droite, il ne vous restera plus qu'à franchir les 3 km qui vous sépareront encore du vignoble sur le rang Saint-Isidore.

Vignoble

Domaine de l'Île Ronde

Île Ronde • Saint-Sulpice
450 589-8628 • www.domainedelileronde.com

SI VOUS AVEZ LA CHANCE de vous rendre au vignoble de l'Île Ronde, vous serez sans aucun doute subjugué, comme je l'ai été moi-même, par la majestueuse construction de pierre qui s'y trouve, rappelant irrésistiblement certains châteaux européens. L'accès par voie maritime, ajoute charme et mystère à l'endroit. Mais une fois accosté, prenez un grand souffle, détendez-vous… et préparez-vous au spectacle impressionnant qu'offrent, outre le bâtiment principal, les vignes, le jardin-terrasse près de l'étang, mais aussi les salles de réception. Toutes les installations reflètent, par leur luxe et leur distinction, le cachet princier dont leur propriétaire, Jocelyn Lafortune, voulait couronner son domaine, qui ne cesse d'étonner !

La petite histoire

Posséder sa propre île et y vivre est déjà un projet fascinant en soi. Mais y découvrir, à force d'observation, un dynamisme végétatif exceptionnel, c'est une aubaine qui a de quoi faire naître bien des idées dans la tête d'une personne entreprenante. Jocelyn Lafortune met donc en terre une centaine de plants en 1995, et les résultats confirment bien vite son intuition. L'année suivante, 1 500 plants s'ajoutent, puis 2 000 en 1997-1998. À l'aube des années 2000, il décide de s'y mettre à temps plein, ajoutant du coup pas moins de 20 000 ceps supplémentaires. Les premières cuvées donnent naissance à des vins fortifiés et l'établissement actuel est mis en chantier. Depuis, la gamme des produits s'est élargie, s'enrichissant de vins secs blancs, rosés et rouges, en plus d'une cuvée expérimentale bien originale, un vin naturel *, nommé Globule, conçu par le très sympathique vinificateur Adrien, récemment arrivé au domaine.

Avec un peu de chance, peut-être pourrez-vous déguster cette cuvée très limitée, en rouge ou en blanc, élaborée par Adrien. Fort d'une solide expérience acquise à Stellenbosh, en Afrique du Sud, et en Virginie, il est également un acteur important du virage récemment amorcé vers une philosophie plus « bio » et respectueuse de l'environnement. Et si, par bonheur, c'est lui qui vous fait faire le tour du propriétaire lors de votre visite, vous serez conquis par son sourire et sa brillante façon d'aborder la viticulture et d'en faire découvrir les multiples aspects.

La situation du vignoble

La position insulaire du domaine y joue un rôle de premier plan, puisque la masse d'eau du fleuve Saint-Laurent qui ceinture l'île lui procure un apport thermique précieux. Certes, l'eau demeure plus froide que l'air ambiant au printemps, mais à l'automne c'est l'inverse qui se produit, ce qui profite à la végétation en retardant les premières gelées d'une vingtaine de jours. L'effet réverbérant des marais qui s'y trouvent amplifie également l'impact des rayons lumineux.

À faire sur place

Au Domaine de l'Île Ronde, un choix incomparable d'activités vous est offert. Si vous êtes propriétaire d'une embarcation, vous aurez accès à un quai en suivant les indications gentiment disposées aux alentours de l'île. Sinon, un service de navette vous est offert depuis la rive adjacente à la rue Notre-Dame. Outre la traditionnelle dégustation et la visite guidée du vignoble et des installations, une panoplie d'acti-

* Le vin dit « naturel » est élaboré sans adjuvant chimique dans le processus d'élaboration, par exemple sans les sulfites habituellement utilisés pour assainir les vendanges et les protéger contre l'oxydation. Il en résulte un vin tout en fruit, certes fragile et peu apte au vieillissement, mais d'une originalité qui pourra plaire aux palais en quête de découverte.

Photo: J. Perreault.

vités gastronomiques et ludiques vous attend. En plus des repas champêtres, des activités privées sur réservation et des copieux brunchs du dimanche, on y organise depuis peu des parties de Meurtre et Mystère. Quoi d'autre au chapitre de l'originalité ? Une boutique a depuis peu pignon sur rue près du quai d'embarquement pour les visites, et vous offre une gamme de produits de vinothérapie conçus à même les résidus solides des vinifications du domaine. La vigne recèle-t-elle le secret d'une peau douce et fraîche ? Quoi qu'il en soit, le plaisir de le déguster et de le partager demeurera toujours, pour ma part, un ingrédient indispensable d'une belle vie bien remplie !

Les produits offerts

Héron Blanc, vin blanc

Issu des cépages vandal-cliche et saint-pépin, ce vin sec très floral dévoile des notes d'agrumes que l'on prendra plaisir à garder en bouche. Plaisant pour ses qualités désaltérantes, il ajoute une subtile note minérale en finale.

Rosé de l'Île, vin rosé

D'une couleur très intense, ce vin sec pourvu d'une très discrète touche de sucre résiduel possède une texture enveloppante et voluptueuse. Très savoureux, ses arômes de mûre et de cerise vous plairont assurément, tout comme sa fraîcheur bien équilibrée.

Saint-Sulpice, vin rouge

Vin rouge sec et imposant, il plaît par ses parfums évolués rappelant le cuir, le tabac et les épices. Ses 18 mois de vieillissement en fût de chêne lui ajoutent une agréable complexité aromatique et lui procurent en finale des tons de bois, d'épices et de fumée. Il égaiera les repas de grillades et les viandes rouges relevées.

La Fortune, vin fortifié blanc

Ce vin fortifié vieilli en fût de chêne est généreux en arômes de fruits séchés et de noisette,

évoquant presque un xérès doux, avec son caractère oxydatif. Onctueux et persistant en bouche, son long passage de cinq ans en fût de chêne en fait, pour ma part, celui que je préfère. Servez-le en fin de repas avec des noix et des dattes farcies au bleu… et donnez du jeu à la boucle de votre ceinture !

La Fortune, vin fortifié rosé

Probablement unique en son genre, ce fortifié rosé est élaboré à la manière du précédent, mais en misant sur l'expression du fruit grâce à une durée de contact avec le bois limitée à 12 mois. Fruits rouges et parfums exotiques sont au rendez-vous : une belle découverte qui permettra d'agréables accords mets-vins. J'oserais l'essayer en accompagnement d'un gâteau au fromage pas trop sucré, nappé d'un coulis de framboise.

La Fortune, vin fortifié rouge

Selon une formule classique qui rappelle les portos, on lui fait subir, tout comme le blanc, un vieillissement de cinq ans en fût de chêne. Prunes, cassis et fruits noirs séchés s'y révèlent alors, le tout enrobé d'une texture riche et d'une finale aux accents de fumée et d'épices.

Pour s'y rendre

Puisqu'on ne peut s'y rendre que par bateau, un rendez-vous est nécessaire avant de vous déplacer. Pour accéder au quai d'embarquement en provenant de Montréal, prenez la sortie 108 (Saint-Sulpice) de l'autoroute 40 et restez sur la voie de service jusqu'à la route 343. Aux feux de circulation, tournez à droite jusqu'à la rue Notre-Dame et tournez à gauche sur celle-ci. Immédiatement à votre droite, vous pourrez garer votre voiture. Le vignoble se trouve au 743.

Vignoble le Mernois

1101, rang Sud • Saint-Thomas-de-Joliette
450 759-7219 • www.vignoblelemernois.com

L E DÉPAYSEMENT EST ASSURÉ, car la construction principale du vignoble le Mernois prend des allures de bâtiment viticole sud-américain, tant par sa forme que par ses couleurs chaudes et contrastantes. Je n'étais qu'à quelques kilomètres de chez moi, dans une région où je ne soupçonnais aucunement la présence d'une culture viticole, et pourtant des souvenirs de mon périple en Argentine me sont immédiatement venus à l'esprit.

La petite histoire

Le nom du vignoble est formé des premières syllabes des noms de ses propriétaires, Lucille Mercier et Jean-Marc Harnois. Après avoir fait leurs preuves dans la culture de l'asperge (qu'ils cultivent encore), ils ont décidé de relever un nouveau défi en bâtissant leur propre vignoble. L'entreprise est d'ailleurs toute récente et les premières cuvées ont été élaborées en 2006 grâce aux 5 600 ceps plantés en 2004. Le projet va bon train : les résultats encourageants ont poussé le couple à procéder, en 2007, à la mise en terre de 4 500 autres ceps qui offriront bientôt leurs premiers fruits aptes à la vinification.

Ce qui distingue la région de Saint-Thomas-de-Joliette, c'est sans contredit cet énorme socle sablonneux sur lequel elle s'étend. Ce sol était parfaitement adapté à la culture du tabac, qui fit autrefois sa renommée. Ces terres fertiles, chargées de l'histoire de la région, renaissent désormais grâce aux nouvelles cultures qui s'y développent. La viticulture en est un bon exemple. Saura-t-elle attirer d'autres amateurs ?

La situation du vignoble

Son sol riche en silice a la propriété de refléter la lumière et la chaleur, comme le ferait une infinité de petits miroirs. Il contient également une proportion

L'irrigation étant nécessaire sur ce type de sol très perméable, on remarque le très moderne système d'irrigation au « goutte à goutte » qui serpente l'ensemble du vignoble.

importante de sédiments laissés par la mer de Champlain. Mais quelle ne fut ma surprise de constater qu'au vignoble le Mernois, un système goutte à goutte a été installé pour irriguer les vignes au cours de la saison viticole. Je ne comprenais pas pourquoi un tel arrosage était nécessaire, puisqu'habituellement ce genre d'installation est aménagée dans des contrées plus chaudes et plus sèches, comme la Californie, le Chili, l'Argentine ou l'Australie. Comme c'est souvent

Photos : J. Perreault.

le cas dans ces pays du Nouveau Monde, le sol sablonneux ne retient pas l'eau et rend cette technique nécessaire. Le détour en vaut la peine, ne serait-ce que pour ceux qui seraient intrigués par ce système d'irrigation moderne.

À faire sur place

Achevée en 2007, la construction du bâtiment principal plaira sans aucun doute par son cachet. Profitez-en pour déguster les vins offerts à la boutique (ouverte le week-end de 12 h à 16 h ou sur réservation), mais aussi pour vous dégourdir les jambes en empruntant le sentier pédestre d'à peine 1 km qui mène à un petit lac artificiel. Pour l'organisation d'activités festives, une salle est à votre disposition à l'intérieur du pavillon, de même qu'un chapiteau à l'exté-

rieur. De plus, au moment d'écrire ces lignes, un site d'interprétation du tabac avec machinerie d'époque était en chantier.

Les produits offerts

Le Florisca, vin rosé

Baptisé en l'honneur de la mère du propriétaire, le Florisca est un vin rosé aux légers parfums printaniers, délicatement fruité et pourvu d'une touche florale bien sentie. Il rafraîchira votre palais en période estivale et sera un compagnon de choix pour vos fromages légers, vos salades aux fruits de mer et vos charcuteries.

Le Côte d'Alban, vin blanc

Désaltérant et gorgé de parfums de fruits blancs et de fleurs, ce vin blanc, simple et équilibré, plaît par sa jeunesse.

Le Terratabac, vin rouge

Un vin rouge, sec et fruité, dont le nom rend hommage aux terres à tabac de la région de Saint-Thomas, c'est une belle façon d'offrir à ces terres une nouvelle vocation.

Le Trous de la Phine, vin rouge

Son nom est un clin d'œil à Madame Delphine Rondeau, dite « La Phine », jadis nourrice du village, chez qui il était possible d'atteindre un ruisseau souterrain où la truite abondait. C'est un vin rouge sec, issu de l'assemblage de plusieurs cépages, dont les frontenac et sabrevois.

Le Culotte de Bois, vin fortifié rosé

Le nom plutôt loufoque de ce vin fortifié fait référence au berceau de chêne dans lequel il a été élevé. Ce vin de type porto, un type rarement offert en rosé, plaira par son originalité et sa personnalité capiteuse, qui allie arômes de fruits rouges frais et note boisée.

Le Culotte de Bois, vin fortifié rouge

Comme pour son homonyme rosé, un vieillissement en barriques de chêne lui vaut son nom, mais ce vin est plus concentré, de par sa nature, en arômes de fruits noirs séchés et de fruits cuits.

Pour s'y rendre

En provenance de Montréal, prenez l'autoroute 40 est, puis empruntez la sortie 122 en direction de Joliette pour accéder à la route 31 nord. Sur la 31 nord, prenez la sortie 7 en direction de Saint-Thomas. Tournez à droite sur la rue Monique, puis gardez la gauche pour prendre ensuite le rang Sud. Le vignoble se trouve au 1101 de ce rang.

En provenance de Québec, prenez l'autoroute 40 ouest, puis la sortie 144 direction Berthierville pour emprunter ensuite la route 158 ouest en direction de Saint-Thomas. Tournez à gauche sur la rue Perreault, puis à droite sur le rang Sud.

Vignoble aux Pieds des Noyers

71, Grande-Côte Est • Lanoraie
450 887-1050 • www.vignobleauxpiedsdesnoyers.com

Photos: Vignoble aux Pieds des Noyers.

Situé à Lanoraie en bordure de la route 138, ce vignoble trouve son originalité dans les tentatives qui y sont faites de cultiver des cépages issus de l'espèce *Vitis vinifera*, donc de souche européenne. Nul doute que vous aurez un plaisir fou à rencontrer les artisans de cette entreprise familiale des plus singulières, qui ne se feront pas prier pour vous raconter, par bribes, le long chemin qu'ils ont parcouru depuis leurs débuts. Leur humour explosif et leur bonhomie dynamique ajoutent au charme des liens familiaux qui les unissent à merveille dans leurs labeurs viticoles. Bienvenue au vignoble Aux Pieds des Noyers !

La petite histoire

Les nombreuses visites d'Alain Bussière et de Manon Dazé dans les vignobles du monde ont évidemment contribué à susciter leur intérêt pour l'aventure vinicole. Au début, ce sont quelques expérimentations sur le terrain familial en 1995 qui les incita à poursuivre leurs recherches de manière intensive. Multipliant ses lectures, Alain dévora des ouvrages scientifiques portant sur les cépages et leur culture. En 1997, le rêve prit davantage forme lorsque Julie, fille du couple, préférant une promenade au grand air à un de ses cours, fit la découverte d'une fermette à vendre, non loin de la demeure familiale. Un coup de foudre et quelques démarches plus tard, Manon et Alain se portèrent acquéreurs de la demeure dont l'immense terrain abritait autrefois une framboisière. Le projet d'un vignoble se concrétisa, réunissant peu à peu les atouts de chacun dans cette belle aventure : pendant qu'Alain se consacrait aux travaux des champs et de la vinification, Manon prenait à sa charge le volet administratif. Quant à Julie, elle saisissait de son côté la chance de mettre à profit ses études en pâtisserie en créant « Les folies de Julie », et en élaborant une gamme de produits gastronomiques axés sur le thème du vin. Enfin, Hugo, son frère, terminait pendant ce temps ses études en technique agricole. Il joignit les rangs de l'équipe en 2003 comme « maître de champs », après un stage dans le sud de la France.

Le nom « Aux Pieds des Noyers » tire son origine du fait qu'Hugo avait, à l'époque, planté sur le terroir plusieurs de ces arbres peu communs. Devenu emblème de l'entreprise, cet arbre majestueux est personnifié sur le logo de l'entreprise à la manière des Ents du *Seigneur des Anneaux*. Il représente la complémentarité qui doit exister entre l'homme et la nature, en vertu de la philosophie à laquelle adhère la famille et qui leur inspire un souci écologique omniprésent dans leurs démarches.

La situation du vignoble

Grâce à la proximité des berges du fleuve Saint-Laurent, les 23 000 plants du vignoble jouissent d'un avantage thermique qui repousse les premières gelées d'automne. Le sol, plutôt argilo-sableux, abrite des variétés telles que les chardonnay, gewurztraminer et merlot, mais aussi des hybrides tels que les bien connus seyval blanc, vandal-cliche, vidal, kay gray, de chaunac, maréchal-foch, sainte-croix, sabrevois et zweiglet.

À faire sur place

Ce domaine comptant au rang des rares vignobles à s'être lancé le défi d'acclimater les cépages européens au sol québécois, il vaut le détour ne serait-ce qu'à ce titre. Sur place, les repas champêtres et les dégustations de vins et fromages du terroir (sur réservation) vous feront vivre un moment inoubliable. Un chapiteau érigé en période estivale vous offrira également un très bel environnement pour casser la croûte. Enfin, dans un avenir proche, une plantation de pinèdes agrémentera le sentier pédestre longeant l'orée du bois, ce qui ajoutera au plaisir de votre escale. Au terme de celle-ci, ne repartez pas sans vous régaler des délicieuses gourmandises maison, ces « folies » de Julie, élue chef pâtissière de la région de Lanaudière en 2008. Outre ce titre enviable, Julie fut également engagée au soutien technique de l'équipe canadienne lors des Mondiaux de la pâtisserie qui se tenaient à Lyon en 2007.

Les produits offerts

L'Arôm'ance, vin blanc

Issu presque entièrement du cépage kay gray et complété par le seyval blanc, ce vin blanc frais et désaltérant par ses parfums d'agrumes et son fruité croquant rappelle les fruits à chair blanche

comme la pomme et la poire. Excellent à l'apéritif, ou encore avec les poissons et fruits de mer grillés.

L'Enjol'heur, vin blanc

Plus aromatique que le précédent, il provient d'un assemblage de muscat, de chardonnay et de vandal-cliche. Il dévoile des parfums aux notes de fruits exotiques, de même qu'une touche de miel et de fruits confits. Ample et texturé en bouche, il conviendra donc à des plats de volaille en sauce ou à des fromages à pâte molle.

L'Incrédule, vin rouge

Assemblage issu de parts égales de maréchal-foch, de frontenac, de sainte-croix, de sabrevois et de zweiglet, ce vin rouge sec dévoile une bouche ample, personnalisée par des notes de fruits noirs mûrs et de moka. On notera une délicate touche herbacée en finale.

Le De'vin, vin rouge

Vin original de par son élaboration, c'est en fait un assemblage sans cesse renouvelé chaque année, d'où son nom… Pour ceux qui aimeraient tenter de le deviner ! Une chose est sûre, ce sera un vin rouge de table traditionnel, mais sa personnalité pourra varier.

Le Délinquant, vin blanc fortifié

Composé majoritairement du cépage gewurztraminer, ce vin de dessert a plu d'emblée à ses concepteurs, au point d'en venir au constat qu'il mènerait facilement à la « délinquance »…! Avec ses arômes de fruits blancs confits, de zeste d'orange, de miel et d'ananas bien mûr, ce délicieux vin de dessert offre une bonne persistance aromatique et une texture enveloppante. Servez-le frais, avec des desserts aux fruits et des fromages relevés.

L'Arrière Saison, vin rouge fortifié

Réunissant notamment les cépages maréchal-foch et merlot, ce vin de type porto plaira aux amateurs par ses notes de fruits noirs cuits et de chocolat noir. Ample et capiteux, il se sert légèrement rafraîchi en fin de repas, pour lui-même ou en compagnie de fromages à pâte persillée.

Vous trouverez également sur place des vins issus à 100 % de gewurztraminer ainsi qu'un vin tout entier de chardonnay.

Sans compter les nouveaux produits auxquels vous aurez sûrement la chance de goûter, puisque quelques expérimentations étaient en cours au moment d'écrire ces lignes.

Pour s'y rendre

Sur l'autoroute 40, prenez la sortie 108 pour accéder à la route 343 en direction de Saint-Sulpice. Tournez à droite sur la montée Saint-Sulpice puis à gauche sur la rue Notre-Dame. Vous y roulerez près d'une quinzaine de kilomètres, avant d'atteindre Grande-Côte Ouest. Continuez encore pour environ 8 km et demi, le vignoble se trouvera à votre gauche.

La Montérégie

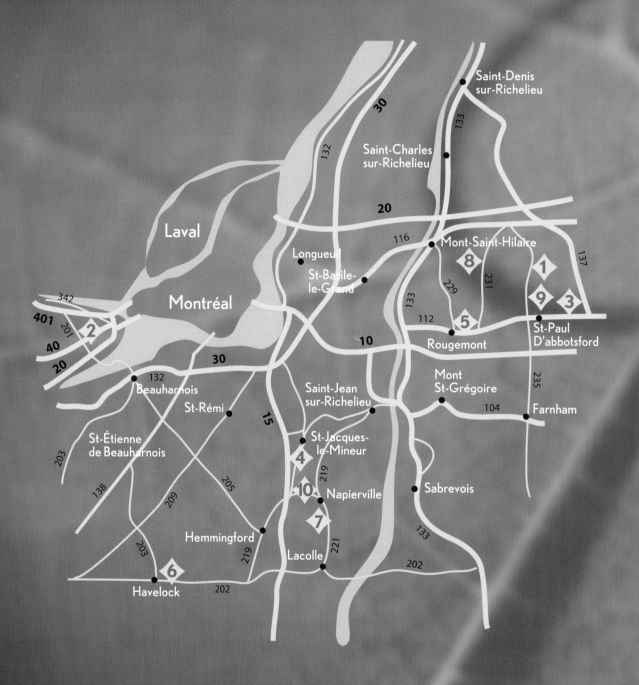

Saint-Denis
sur-Richelieu

30

132

Saint-Charles
sur-Richelieu

133

20

Laval

116

Mont-Saint-Hilaire

137

Longueuil

8

1

St-Basile-
le-Grand

229

231

9

3

Montréal

342

133

5

St-Paul
D'abbotsford

401
201

2

112

Rougemont

235

40

20

10

Mont
St-Grégoire

30

132

104

Farnham

Beauharnois

Saint-Jean
sur-Richelieu

St-Rémi

203

15

St-Jacques-
le-Mineur

St-Étienne
de Beauharnois

4

219

Sabrevois

138

209

205

10

Napierville

133

Hemmingford

7

202

219

221

6

203

Lacolle

Havelock

202

1. Vignoble des Artisans du Terroir
2. Vignoble Côte de Vaudreuil
3. Vignoble Coteau Saint-Paul
4. Vignoble du Domaine Saint-Jacques
5. Vignoble de Lavoie

6. Vignoble du Marathonien
7. Vignoble Morou
8. Vignoble les Murmures
9. Vignoble les Petits Cailloux
10. Vignoble Le Royer Saint-Pierre

Vignoble des Artisans du Terroir

1150, rang de la Montagne • Saint-Paul-d'Abbotsford
450 379-5353 • www.artisansduterroir.ca

Photo : J. Perreault.

Vue sur une partie du vignoble avec, en toile de fond, le mont Yamaska chargé des couleurs automnales.

TOUT EN ROULANT SUR LE CHEMIN de la Montagne à Saint-Paul d'Abbotsford, vous aurez le plaisir de contempler un paysage bucolique où se succèdent maisons antiques en pierre et grands arbres majestueux. Passé le seuil du bâtiment d'accueil chez les Artisans du terroir, on découvre une ambiance toute familiale. Dans un décor campagnard simple, lumineux et accueillant, de fraîches denrées aux petits fruits, des gelées, des vinaigres, des marinades, des sirops de fruits et autres gourmandises cuisinées plaisamment étalées ont tôt fait de vous mettre en appétit. Si vous aviez prévu d'agrémenter votre visite d'un pique-nique en bonne et due forme, vous y trouverez sans problème les petits extras qui le transformeront en un véritable délice aux parfums d'ici : un jus de fruits frais ? Une gelée de poivrons ? Une succulente tarte aux pommes ? Oh, oui, bien sûr ! sans oublier le vin que vous pour-

rez choisir judicieusement en dégustant les produits au comptoir !

La petite histoire

L'initiateur de ce vignoble se nomme Réjean Guertin. C'est d'ailleurs lui qui, tout sourire, m'a gentiment accueilli sur sa propriété. Généreux de sa personne et visiblement amoureux de la terre, il est également l'homme à qui l'on doit l'arrivée des premiers pommiers nains au Québec dans les années 1970. D'ailleurs, dans la ferme familiale, ce sont ces petits arbres fruitiers qui peuplent le terrain adjacent à l'établissement principal. Diplômé de l'ITA (Institut de transformation alimentaire), Réjean Guertin s'est intéressé au processus de fermentation avant de se tourner vers la vigne. Ces premières amours l'ont amené à élaborer diverses

Photo: J. Perreault.

Photo: Vignoble des Artisans du Terroir.

Facilement repérable, ce bâtiment d'accueil a pignon sur rue sur le charmant chemin de la Montagne à Saint-Paul-d'Abbotsford.

boissons alcoolisée à base de fruits, dont la pomme et le bleuet. Depuis, bien du chemin a filé sous ses bottes, et c'est dorénavant des fruits de la vigne que sont issus la plupart des produits alcoolisés de l'entreprise. Lorsque je lui ai demandé pourquoi il s'était lancé dans cette folle aventure en dépit des désavantages de notre climat et des contraintes actuelles, il m'a tout simplement répondu, tout sourire et avec conviction, que c'était « le gaz qui le tenait en vie… » Un défi qu'il relève aujourd'hui avec les membres de sa famille, et avec quel brio !

Le nom de l'entreprise sied parfaitement aux Guertin, car il exprime fort bien la philosophie qui les anime. Depuis quelques années, les enfants complètent les rangs dans cette belle aventure familiale. Une solide équipe où chacun apporte le concours de sa spécialité. Ainsi, lors de votre visite, vous aurez le plaisir d'être accueilli à la boutique par Céline, la conjointe de Réjean. De son côté, leur fille Annie met sa polyvalence à contribution dans la préparation des diverses denrées maison, la vente et les communications, de même que le suivi de la fermentation des vins en compagnie de son père. Quant au rôle primordial de « maître de champs », il revient à David, le fils, qui

s'occupe d'entretenir et de bichonner les 18 000 ceps plantés depuis 1997.

Les Guertin ont acquis au fil des années un savoir-faire sans cesse perfectionné. Ils ont notamment sélectionné des cépages résistants au froid qui n'exigent aucun buttage. Mais leur sens pratique se manifeste tout spécialement dans la conception de leur charrette pourvue d'espaces circulaires destinés à recevoir les cuves de raisin et surmontée d'un confortable « trône » qui assure le confort du cueilleur pendant sa récolte manuelle. De toute évidence, les Guertin prennent plaisir à exploiter leur entreprise et réussissent fort bien à conserver leur côté sympathique et artisanal… Vraiment, des artisans dans le plus pur sens du terme !

La philanthropie et la joie de vivre sont palpables aux « Artisans du terroir ». Ainsi, alors que nous sortions de la boutique pour aller au champ, Réjean passa le pas de la porte et demeura quelques instants immobile et contemplatif à la vue d'un petit groupe de passants venus casser la croûte sur une des tables extérieures qui surplombent le verger. S'y trouvait aussi une jeune fille seule, verre de rosé à la main, qui avait visiblement trouvé son coin de lecture pour l'après-midi. Savourant la scène avec son large sourire habituel, il opina en laissant échapper un «Ah !... Tu vois ? Ça, ça me rend heureux ! »

La situation du vignoble

Longeant le pied du mont Yamaska, le site est idéal pour remporter le pari de la viticulture québécoise. Les terres qui bordent le chemin bénéficient de plusieurs avantages : un sol en pente graveleux aux composés schisteux, idéal pour un bon drainage, mais aussi pour emmagasiner la chaleur diurne. En outre, la proximité de la montagne, principale géomorphologie environnante, agit sur la circulation des vents et leurs effets thermiques sur les plantations… À tel point que, dès la mi-janvier, la couche de neige qui tapisse nos hivers traditionnels s'y fait déjà plus précaire !

À faire sur place

Sur rendez-vous, il est possible de faire une visite guidée des lieux, agrémentée d'une dégustation. Des tables intérieures et extérieures sont à votre disposition pour y faire une halte dans une ambiance familiale et déguster quelques spécialités fruitières du terroir. On y trouvera également des emballages personnalisés et des idées de cadeaux d'entreprise.

Les produits offerts

Prémisse d'Automne, vin blanc

Ce vin blanc demi-sec, issu majoritairement du cépage cayuga et complété par du saint-pépin, présente un léger sucre résiduel qui lui confère une certaine rondeur. Son acidité discrète laisse en bouche des notes de pomme et une finale légèrement minérale. Les sushis et certaines cuisines asiatiques lui conviendront parfaitement.

La Vrillée, vin blanc

Élaboré principalement à partir du vidal et complété par du saint-pépin, La Vrillée réjouira ceux qui aiment les vins blancs secs à l'acidité vibrante. À sa fraîcheur désaltérante s'ajoutent des parfums caractérisés par des notes d'agrumes. Servez-le à l'apéritif, ou encore avec des poissons à chair maigre ou des fruits de mer délicatement relevés.

La Vrillée barrique de chêne, vin blanc

Vous aurez deviné ici qu'il s'agit de la version « boisée » du vin blanc précédent, auquel on a imposé un passage

en fût de chêne d'une durée de 12 mois. Sa vivacité en sera atténuée et une délicate touche de vanille viendra le personnaliser.

Roze, vin rosé

Très aromatique, ce vin rosé issu du cépage frontenac dévoile également une intensité colorante remarquable. Ses parfums de framboise et de fraise bien mûres le définissent très bien, de même qu'une bouche friande et charmeuse. Un choix éclairé pour se relaxer lors des après-midi ensoleillés !

Prémisse d'Automne, vin rouge

Issu du cépage chancellor, ce Prémisse d'Automne est un vin d'accès facile par sa légèreté, son côté fruité et sa souplesse en bouche. Sec et présentant une certaine fraîcheur, on l'appréciera servi légèrement rafraîchi.

Daumeray

Un peu plus relevé que le Prémisse d'automne, ce rouge sec issu du cépage frontenac procure également une matière plus dense. À des notes de fruits des champs s'ajoute une finale légèrement épicée. Servez-le avec des fromages à croûte fleurie, un pâté de campagne ou une viande blanche grillée.

Vin de glace

Issu des cépages vidal et geseinheim, ce vin de glace provient de raisins récoltés et pressés à surmaturité, au moment où les froids de janvier suscitent un jus riche et concentré. D'un jaune doré intense, il séduit le palais avec ses notes puissantes de fruits exotiques confits.

Tourbillon 365

Ce vin apéritif, élaboré à partir du cépage seyval blanc, est obtenu par un ajout d'alcool dans lequel ont macéré des aromates naturels, dont la vanille et des agrumes.

Yamaskasis

Également fortifié par un alcool dans lequel ont macéré des cassis entiers, ce vin rouge apéritif conviendra aussi bien à la fin du repas qu'au début. Il sera idéal pour rehausser une sauce ou une glace à la vanille, et se prêtera agréablement à la préparation d'un kir original.

Frio, vin doux

Lors de votre halte aux Artisans du terroir, n'hésitez pas à vous procurer cet indéniable plaisir gustatif. Issu de raisins passerillés (desséchés naturellement par le froid après une vendange tardive et exposés aux intempéries), ce Frio est une petite gourmandise qui fera sensation en compagnie d'un dessert aux fruits blancs ou de fromages forts à pâte pressée. Composé de vidal et de geseinheim, il procure une concentration aromatique rappelant les fruits confits et le pamplemousse rose. Pourvu d'une acidité désaltérante, il plaît par son sucre résiduel sans lourdeur, fort bien équilibré par la fraîcheur du fruit.

Pour s'y rendre

Située entre Granby et Saint-Césaire, la municipalité de Saint-Paul-d'Abbotsford est traversée par le route 112, qui devient la rue « Principale » du village. De là, tournez sur le chemin de la Montagne à votre droite si vous arrivez de Granby et à gauche si vous arrivez de Saint-Césaire. À environ 3 kilomètres, vous trouverez le vignoble à votre gauche.

Vignoble Côte de Vaudreuil

2692, Harwood • Vaudreuil-Dorion
450 424-1660 • www.cotedevaudreuil.com

L'INITIATEUR DE CE PROJET, Serge Primi, est un souriant et sympathique personnage d'ascendance italienne. Peut-être est-il aussi, comme Obélix, « tombé dans la potion quand il était petit ». Chose certaine, son grand-père toscan qui avait la fibre artisane pour la divine boisson l'a marqué de son influence. On dit d'ailleurs que, tout jeune, Serge aurait fait connaissance avec le vin en goûtant par curiosité une cuvée encore en fermentation dans une barrique… Expérience déconcertante pour un palais si jeune, mais qui aura sans doute stimulé l'intérêt de l'intéressé. Quoi qu'il en soit, ses premiers pas comme vinificateur, c'est avec son grand-père qu'il les a faits, mais c'est depuis peu qu'il s'est lancé dans l'aventure en mettant sur pied son propre vignoble et en s'entourant d'une équipe des plus compétentes.

La petite histoire

Copropriétaire avec sa femme Christiane Saint-Onge, Serge Primi, comptable agréé chez KPMG, avait songé à faire de l'importation privée de vin, pour finalement faire le grand saut en lançant sa production. L'achat du vignoble en 2006 fut une expérience des plus excitantes en soi, à un point tel que lorsqu'il a jeté son dévolu sur le site actuel, il en oublia d'inspecter la demeure qui allait devenir la sienne. Serge se compare volontiers, en rigolant, à Oliver Douglas, des « Arpents verts », dans un scénario aux airs du film *Money Pit*, avec sa maison aux « pépins inattendus » qui lui en a fait voir de toutes les couleurs. Mais qu'à cela ne tienne, tout a depuis été remis en état, et l'édification d'un superbe bâtiment jouxtant boutique, salle de réception et chai ne s'est pas fait attendre. Aux 5 000 plants de vigne qui

Photo: Vignoble Côte de Vaudreuil.

étaient, en 2000, déjà en terre, 4 000 ont été ajoutés en 2007, et l'objectif est d'atteindre les 15 000 d'ici peu.

gnant 4 hectares. Le sol, plutôt sablonneux, assure un bon drainage.

La situation du vignoble

Selon la cartographie thermique de la région, Vaudreuil compte parmi les endroits les plus chauds du Québec. Le vignoble réunit des cépages bien adaptés au milieu, tels que les kay gray, prairie star, vandal-cliche et saint-pépin en blanc, de même que les frontenac, sabrevois et sainte-croix en rouge, le tout sur une superficie attei-

À faire sur place

Prenez le temps de faire halte sur ce domaine récemment ouvert au public pour y déguster les vins et profiter de la magnifique terrasse bordant les

Les vins du Québec | Région de la Montérégie

la *pepinomobile* que Serge m'a gentiment fait visiter le vignoble et contempler la beauté de l'œuvre accomplie par sa fière équipe.

Pour en revenir au vin, ce sont les cépages frontenac et sabrevois, à parts égales, qui ont servi à son élaboration. Doté d'une couleur très soutenue, ce vin sec dévoile des arômes frais de framboise et de cerise mûres, et son acidité bien dosée lui confère un côté désaltérant très plaisant. Joignez-le à votre pique-nique pour son caractère tout à fait gouleyant !

Le De Villers, vin blanc

Issu de l'assemblage des cépages prairie star, vandal-cliche et saint-pépin, ce vin sec bien équilibré, avec ses intenses parfums floraux, sera le compagnon tout indiqué des crustacés, des fruits de mer et des fromages légers.

Primus, vin rouge

Un heureux mariage des cépages sainte-croix, frontenac et maréchal-foch confère à ce vin une structure agréable ainsi qu'une gamme aromatique toute en fruits rappelant la cerise et la violette. Ayant profité d'un élevage en fûts de chêne, il possède également une délicate finale boisée et subtilement épicée. Il conviendra aux viandes blanches grillées et aux viandes rouges délicatement relevées, sans oublier les fromages à pâte pressée non cuite.

Pour s'y rendre

Situé dans l'ouest de l'île de Montréal, le domaine est accessible par l'autoroute 40 en direction de Hull-Ottawa. Prenez la sortie 26 pour la route 342 en direction de Hudson et de Saint-Lazare. Assurez-vous de prendre ensuite la sortie 26 sud à gauche en direction de Dorion. Tournez enfin à gauche sur la route Harwood : le vignoble se tiendra à votre droite après 2,5 km.

rangs de vigne bien droits. Une visite libre ou guidée des lieux vous instruira agréablement sur les caractéristiques du vignoble et le métier de vigneron.

Les produits offerts

Le Pepino, vin rosé

Ce nom un peu curieux pour un vin est en fait un gentil clin d'œil à Joseph Simone, le beau-frère de Serge (et actionnaire du vignoble), qui est originaire des Pouilles, en Italie. « Giuseppe », tel qu'on le nomme en italien, a toujours eu le surnom de Pepino, lequel est d'ailleurs inscrit sur une voiturette électrique qui lui a été offerte. C'est donc à bord de

Vignoble Coteau Saint-Paul

1595, rue Principale Est • Saint-Paul-d'Abbotsford
450 379-5069 • www.coteau-st-paul.com

IMPOSSIBLE DE PASSER outre le bâtiment principal du vignoble et verger du Coteau Saint-Paul
lorsque l'on arrive dans le charmant village de
Saint-Paul d'Abbotsford par le chemin Principal (route 112). Tel un moment d'histoire ayant
traversé le temps, la contrastante construction
inspirée de l'architecture normande du XVIᵉ siècle
vous dépaysera sans aucun doute : tourelles, armoi-
ries étendards et statues de pierre, tout y est. Ce
thème donne le ton également à la boutique d'accueil, de même qu'aux salles de réception.
Avis aux amateurs !

Au moment d'écrire ces lignes, d'importants travaux étaient projetés pour l'agrandissement
du bâtiment principal… une cave à vin devait être
ajoutée, de même qu'une nouvelle salle de dégustation pour combler davantage la clientèle… une
visite s'impose !

La petite histoire

Propriétaire actuel, c'est pendant une convalescence
que Jean-Guy Gosselin eut le coup de foudre pour
ce magnifique coteau qui borde le mont Yamaska.
Comme il n'en était pas à ses premières armes en
viticulture et qu'il ne manquait pas d'idées et de
projets, il fut naturellement
amené à faire

En avant plan, le petit marché extérieur du vignoble par un bel avant-midi d'automne.

Photo : J. Perreault.

Les vins du Québec | Région de la Montérégie

l'offre d'achat qui allait lui concéder la propriété. Favorisé par le sort, mais aussi doté d'une ténacité exemplaire dont témoigne à plusieurs reprises son parcours de vie, il parvint à surmonter les nombreuses embûches administratives qui le séparaient de son rêve.

Acquis dans les années 1990, son domaine ne devint accessible au public qu'à l'aube des années 2000. Le vignoble comme tel est relativement jeune, mais aux 6 000 pommiers déjà présents 5 000 furent ajoutés, de même que plusieurs autres arbres fruitiers, en plus de près de 6 hectares de vigne. Véritable jardin d'Éden, son terroir offre donc, en plus des pommes et raisins de cuve, des raisins de table, des pruniers, des cerisiers... que vous pourrez contempler et même cueillir en saison !

Au cours de votre visite, vous aurez sûrement la chance de croiser Jean-Guy Gosselin au comptoir d'accueil. Vous découvrirez alors rapidement son intérêt marqué pour l'histoire de la vigne et du vin au Québec, mais aussi pour celle du peuple québécois (vous comprendrez en voyant les étiquettes de ses vins). L'homme est une mine de connaissances. Diplômé en anthropologie, il a étudié le cinéma et a enseigné le français langue seconde en Ontario... dont il est natif ! « Les Québécois se distinguent réellement par la chaleur de leur accueil. Ça paraît qu'ils ont beaucoup voyagé ! » me confia-t-il lors de ma visite.

Passionné ? Sans aucun doute. Dynamique aussi. Activement engagé au sein de l'ADVVQ*, une association de recherche et de développement pour de nouveaux cépages, il affirmera à qui veut bien l'entendre « qu'on n'a pas fini d'être étonné ». Une bonne nouvelle pour une industrie aussi jeune qui progresse déjà à un rythme étonnant. Surprise, je l'ai été lorsqu'il m'a parlé d'une parcelle expérimentale de l'Université Laval située en Abitibi... où des expériences sont tentées sur un nouveau cépage : le DM-150, communément appelé le baltica, qui résisterait à des froidures extrêmes tout en se contentant d'une courte période végétative... À suivre ! Du vin à Rouyn... Qui l'aurait cru ?

* Rôle de l'ADVVQ

Fondée en 2006, l'association pour le développement de la vini-viticulture du Québec a depuis peu attitré des agronomes à la vérification des sols et des sous-sols en vue d'en déceler les éventuelles carences. Elle conseille également les principaux intéressés sur les meilleures variétés à planter et les meilleures façons de les traiter pour en tirer le maximum de qualité. Il était temps, en effet, qu'on fasse pour les raisins de cuves à climat froid ce qu'on faisait depuis longtemps pour les autres cultures fruitières ! En plus de ces expertises, l'ADVVQ rassemble des viticulteurs de toutes les régions du Québec qui désirent partager leur savoir-faire tout en se donnant mutuellement un coup de main. L'association a aussi comme but d'offrir aux membres un réseau de communication en organisant des rencontres périodiques et en chapeautant des échanges avec d'autres régions et pays producteurs dont les conditions de développement peuvent s'apparenter aux nôtres. Enfin, elle réunit des équipes de recherche sur les nouveaux cultivars dits de « climat nordique », tout en faisant la promotion de la viticulture d'ici par l'entremise d'établissements scolaires participants. Une belle initiative !

La situation du vignoble

Installé sur un coteau de type silico-calcaire dont le limon sableux recouvre un sous-sol graveleux et ardoisé, ce vignoble ne permet guère la culture de variétés hâtives comme le maréchal-foch. C'est que cette variété débourrant tôt, elle s'expose forcément aux gels printaniers. Or, dans cette région, le tapis de neige disparaît rapidement en raison des vents d'ouest qui le balaient, privant ainsi les pieds de vigne de leur protection vitale. S'il est possible d'y remédier par le buttage dans les régions au sol granuleux, la rocaille de ce terroir représente un défi de taille pour les outillages traditionnels. Par chance, des cépages tardifs feront ici l'affaire, grâce au phénomène d'inversion thermique causé par la géographie environnante, qui leur permettra d'arriver à pleine maturité avant les premiers gels de la fin octobre ou du début novembre.

À faire sur place

Les amoureux de la nature auront le choix entre une visite libre ou guidée et pourront s'adonner à l'auto-cueillette. En effet, l'endroit est idéal, pour passer un bon moment en famille ou entre amis en récoltant des pommes ou des raisins de table parmi plus d'une douzaine de variétés. D'ailleurs, à cette fin, le personnel du petit marché extérieur saura vous inspirer et vous fournir toute l'information utile sur ces activités. Pro-

Situé en arrière-plan, le mont Yamaska offre une vue splendide à l'automne.

Photos : J. Perreault.

fitez de cette visite pour agrémenter votre séjour d'une petite collation improvisée, tout en vous imprégnant du paysage environnant. La vue sur le flan sud du mont Yamaska, paré de ses couleurs d'automne, est tout simplement époustouflante !

Vous trouverez également sur les lieux des salles de réception idéales pour une réunion d'affaires, un événement à souligner ou un repas gastronomique. Sur demande, vous recevrez des suggestions variées de dégustations thématiques avec service en costume d'époque si vous le désirez. Tapisseries historiques, foyers, chandeliers et meubles antiques sauront vous dépayser en reconstituant les ambiances d'autrefois.

Les produits offerts

Yamaska, vin rouge

Le Yamaska rouge est issu des cépages chancellor et chancellor hâtif. En rai-
son de son passage en barrique, on y retrouve des notes de petits fruits rouges nuancées par une discrète touche de bois et d'épices.

Sieur de Sabrevois, vin rouge

Tirant textuellement son nom du cépage homo-nyme, ce vin rouge sec est également élevé en fût de chêne pendant

quelques mois. Plus charpenté que le précédent, il est également sec et ses parfums s'apparentent à ceux des fruits noirs.

Comte de Frontenac, vin rouge

Évoquant à la fois le célèbre défenseur de la Nouvelle-France au XVIIe siècle et le cépage nord-américain dont il est composé, ce vin rouge également boisé est un représentant typique de cette variété avec ses parfums gourmands de cerise. Les plats de volaille grillée ainsi que les viandes rouge délicatement rele-vées, de même que les fromages à pâte ferme s'y marieront à merveille.

Rose Ligne, vin rosé

Issu d'une brève cuvaison des peaux dans le jus du cépage frontenac, le Rose Ligne rappelle par son nom la ligne de partage imaginée au début du XIXe siècle par Arago

pour séparer la France en deux portions en passant par le musée du Louvre à Paris. De bonne intensité, ce vivifiant rosé plaira par sa fraîcheur alliée à des notes de petites fraises des champs, de même que par son caractère demi-sec qui lui confère une texture ample en bouche.

Yamaska, vin blanc

Composé à 100 % de vandal-cliche, ce blanc subit une courte macération pelliculaire qui lui confère des notes variétales supplémentaires. Ses

parfums rappellent à la fois les agrumes et les petits fruits acidulés qu'accompagne une note florale.

Louisiane, vin blanc

Ici, un clin d'œil à la Louisiane, territoire de l'Amérique française qui fut la terre d'accueil de milliers d'Acadiens déportés au milieu du XVIIIe siècle. Vin sec au nez délicat, il provient d'un cépage peu commun ici mais apparemment plus populaire dans les pays longeant la mer Baltique : l'adalmiina. Il serait d'ailleurs parent avec le sabrevois et le sainte-croix.

Sao Paulo, vin fortifié blanc

Ce blanc fortifié se compose d'un assemblage intéressant formé du résistant vandal-cliche agrémenté d'une variété de muscat développée aux États-Unis. Très aromatique, ses parfums de fruits confits et de fleurs le personnalisent avec distinction. Un vieillissement en fût de chêne lui permet également de s'exprimer plus en rondeur.

Sao Paulo, vin fortifié rouge

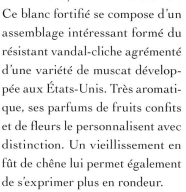

Grâce au chancellor, ce vin muté dévoile corps et caractère. Son passage en fût de chêne français lui confère une note boisée et épicée qui se fond parfaitement avec son fruité enjôleur. Un des meilleurs dans le style, il sera à son apogée si vous le servez légèrement rafraîchi, seul ou en compagnie de fromages puissants, de noix salées ou de magret de canard séché. Aussi, utilisez-le en sauce pour viandes goûteuses, comme les gibiers à pelage.

Pour s'y rendre

Situé entre Granby et Cowansville, le village de Saint-Paul d'Abbotsford est accessible par la sortie 55 de l'autoroute 10. Prenez ensuite la route 235 nord ou encore 112 est. Le vignoble est situé au 1595 de la route 112 (rue Principale). Si vous y allez par l'autoroute 20, prenez la sortie 130 pour rejoindre la route 137 sud, puis la 112 en direction ouest.

Vignoble
du Domaine Saint-Jacques

615, boul. Édouard-VII • Saint-Jacques-le-Mineur
450 346-1620 • www.domainest-jacques.com

L ORSQUE VOUS FEREZ UN SAUT au Domaine Saint-Jacques, vous tomberez sous le charme de l'antique maison de pierre qui se dresse à son entrée. À l'arrière, les vignes prennent la vedette dans un paysage magnifique lorsque le soleil s'élève pimpant. Un moment magique à savourer des yeux… et dans le verre !

Que vous les croisiez sur place, dans un salon ou lors d'une activité de promotion, les propriétaires, Nicole Du Temple et Yvan Quirion, vous feront déguster avec fierté une gamme de produits qui auront de quoi vous réjouir. Vous serez également séduit par leur humour contagieux, et parions que vous le serez aussi par leurs vins. Dès leur première récolte, deux de leurs trois rouges remportaient des médailles au concours des Grands vins du Québec, événement marquant sur la scène de la viticulture québécoise pour la reconnaissance des progrès qualitatifs réalisés dans la Belle Province. L'une d'elles était nulle autre que la médaille d'or dans la catégorie « vin rouge de prestige ».

La petite histoire

C'est connu, les rêves nous tiennent en vie. Si certains ne servent que de points de mire, d'autres finissent par se réaliser au moment où l'on s'y attend le moins. Ce qui ajoute à leur magie ! Amateurs du divin breuvage, le couple a le plaisir, depuis plusieurs années, de découvrir le monde viticole par l'entremise de rencontres d'affaires orchestrées en vue du bon train de leur entreprise manufacturière : Manubois. Leurs clients ? Des producteurs de vin qui désirent offrir leurs prestigieux produits dans des coffrets de bois personnalisés. Parmi leur clientèle, on trouve notamment des références aussi célèbres que les Robert Mondavi et les Dom Pérignon… des noms fameux qui sont tout à leur honneur !

Le rêve de posséder un jour leur propre vignoble quelque part sur le globe leur a souvent effleuré l'esprit. Vous savez, ce fameux rêve fou que nous laissons habiter nos pensées et qui refait toujours surface. À la recherche d'une vaste terre pour y nicher la demeure familiale, ils apprennent au début de l'an 2000, par le coup de fil d'un ami, qu'il y en a une à vendre à Saint-Jacques-le-Mineur, près de Napierville. Comble de chance, un vignoble s'y dresse. Les Du Temple-Quirion peuvent dès lors envisager un gratifiant projet de retraite qu'ils pourront observer de leur fenêtre en voyant s'éloigner l'époque de leur vie professionnelle active.

Photo : J. Perreault.

La patience et la sagesse d'attendre une maturité parfaite des fruits : un gage de qualité dont peut s'enorgueillir l'équipe du Domaine Saint-Jacques !

Dans ces filets se trouvent les baies gelées qui serviront à l'élaboration de leur vin de glace rouge, un produit des plus originaux.

En attendant, il s'agit de se familiariser avec la viticulture, et particulièrement celle en sol québécois. Or, en 2007, lors d'une conférence sur les cépages de climat froid donnée dans la région, le sympathique tandem fait la connaissance de Luc Rolland, expert-produits à la SAQ, mais aussi détenteur d'une formation et d'une expertise en vinification acquise à Bordeaux. La chimie est parfaite : Luc accepte de devenir leur vinificateur pour la récolte de l'année suivante. La première pelletée de terre est donnée dans les semaines qui suivent et un chai tout neuf est désormais prêt à accueillir les moûts du millésime 2007.

La situation du vignoble

Situé dans le secteur Richelieu, en plein cœur de la Montérégie-Sud, le vignoble profite de la proximité de plusieurs plans d'eau (fleuve Saint-Laurent, rivière Richelieu et lac Champlain), ce qui lui per-

met de bénéficier d'un total d'unités thermiques propre à lui conférer un environnement unique. En période végétative, le nombre de degrés-jours y est comparable à celui de la Bourgogne, en France.

Plantés à l'aube des années 2000, les premiers ceps de vigne ont donné leur première cuvée en 2007. Parmi les variétés déjà en terre, on note les maréchal-foch, lucie-kulhman, bacco noir, sainte-croix, sabre-vois, vandal-cliche et vidal. Du moins pour l'instant, car j'ai ouï-dire que des tentatives allaient être faites avec des variétés de *vitis vinifera* telles que le pinot noir, le pinot gris et le riesling…

À faire sur place

Pendant la saison estivale, des tables à pique-nique sont à votre disposition tout près des vignes, de même qu'un grand chapiteau. Situé à seulement 40 minutes de Mon-

tréal, l'endroit est également idéal pour y tenir une réunion d'affaires ou une rencontre festive. Une salle parfaitement aménagée à cette fin, à l'étage supérieur de la boutique, pourra accommoder des groupes allant jusqu'à 25 personnes. En plus de pouvoir goûter à toute la gamme des vins offerts, vous trouverez sur place divers modèles de coffrets cadeaux confectionnés par l'entreprise Manubois des Du Temple-Quirion. Il vous sera facile d'y emballer les produits du domaine de même que des verres à vin. Vous y trouverez également le coffret de la route des vins du Sud-Ouest, qui renferme un exemplaire de chacun des vignobles qui la bordent.

Ci-haut, on pose les filets qui permettront de préserver les fruits de l'attaque d'oiseaux gourmands. Une tâche devenue simple et rapide grâce à la mécanisation.

Photos : Vignoble du Domaine Saint-Jacques.

Les produits offerts

Le Blanc de Saint-Jacques

Ce vin blanc sec est issu d'un assemblage des cépages vidal et vandal-cliche. Manifestant une bonne vivacité, il comporte également une certaine amplitude, conférée par le vidal, de même que des parfums de fruits exotiques et de fleurs mellifères escortés par des notes vives d'agrumes.

Le Rosé de Saint-Jacques

Les variétés lucie-kulhman et maréchal-foch s'allient ici à parts égales pour conférer au vin un caractère aromatique fort charmeur par ses notes de fruits bien mûrs. Avec sa prestance en bouche intéressante, on l'appréciera à coup sûr tant en apéritif que servi avec des grillades de viande blanche et des salades estivales.

Le Rouge de Saint-Jacques

Dans cette cuvée souple et accessible, c'est le maréchal-foch qui prend la vedette, accompagné du sainte-croix et du lucie-kulhman. Un rouge sans prétention et bien équilibré, la pureté du fruit en toute simplicité.

La Sélection de Saint-Jacques

Issue des meilleures cuves du millésime, la Sélection de Saint-Jacques est le reflet d'un assemblage judicieusement choisi afin de mettre en valeur les qualités de chacune des variétés du vignoble. Présentant un caractère plus affirmé que le rouge régulier, il plaira également par son équilibre et une délicate touche épicée en finale.

La Réserve de Saint-Jacques

Puissant et pourvu d'une charpente convaincante, ce vin est d'une intensité colorante imposante et renferme un potentiel d'évolution qui en surprendra plusieurs. Provenant d'un assemblage de lucie-kulhman, de bacco noir, de maréchal-foch et de sainte-croix, il profite d'un vieillissement en fûts de chêne français et américain d'environ un an. Ses parfums de fruits noirs bien mûrs, son boisé bien intégré et ses tannins généreux conviendront parfaitement à vos plats de viande rouge relevés, de même qu'à certains gibiers.

Vin de glace blanc de Saint-Jacques

Un des rares vins de glace élaborés avec le vandal-cliche, il en fournit les caractères dans un registre plus « confit ». Assez léger, il n'en est pas pour autant dénué de finesse, grâce à un équilibre harmonieux des saveurs : parfums d'ananas, d'agrumes et de pomme, le tout dans une amplitude et une persistance aromatique dignes de la catégorie.

Vin de glace rouge de Saint-Jacques

Denrée rare, ce vin de glace rouge est élaboré de la même façon que les blancs traditionnels, mais celui-ci dévoilera aussi les caractères variétaux du maréchal-foch et du lucie-kulhman. Avec sa myriade de petits fruits mûrs et sa texture onctueuse, il caresse le palais. À découvrir sans faute !

Pour s'y rendre

De Montréal, prenez l'autoroute 15 sud, empruntez ensuite la sortie 21 pour accéder à la route 219 en direction de Napierville. Tournez à gauche sur la route 219 puis, tournez à gauche sur la Route Saint-Édouard VII. Le vignoble se trouve à votre droite.

Vignoble de Lavoie

100, rang de la Montagne • Rougemont
450 469-3894 • www.de-lavoie.com

INDÉNIABLE CAPITALE DE LA POMICULTURE, Rougemont jouit d'un lot enviable d'attractions visuelles et gastronomiques. Parmi celles-ci, le vignoble de Lavoie fait sa marque tant dans la vigne qu'au verger, et vous vous plairez à y faire une halte. Sur son domaine du rang de la Montagne à Rougemont, vous vous sentirez revivre une fois passés les quelques centaines de mètres qui le séparent de l'autoroute. Telle une grosse pomme saillante au beau milieu d'un arbre verdoyant, l'unique construction au toit rouge pimpant domine les rangs de la noble végétation. Située sur le versant sud du mont, la terrasse offre une vue tout simplement magnifique.

La petite histoire

Comme plusieurs Rougemontois, Francis Lavoie, architecte de formation, a ajouté la culture fruitière à son arc professionnel. Or, lorsqu'il y a

Photo : Vignoble de Lavoie.

Photos: Vignoble de Lavoie.

Il suffit de souffler la terre sablonneuse contre le pied et la vigne est protégée pour l'hiver (butter). Devant mes yeux sceptiques, Francis a mis son chapeau d'ingénieur et m'a expliqué fièrement que, grâce à une canalisation de 8 pouces de diamètre, la pression d'air devenait suffisante pour soulever sans effort la terre nécessaire pour protéger les pieds des vignes avant le repos hivernal. Voilà… Et pourquoi pas ?

À faire sur place

Que ce soit pour une visite, une dégustation ou une activité d'interprétation de la vigne, le vignoble de Lavoie est facilement accessible et vous offre sa magnifique terrasse pour vous détendre en plein air. Et comme disait Francis lors de ma visite : « Apportez votre pain, ici on a le vin ! » Ceux qui aimeraient s'adonner aux vendanges agrémentées de musique et d'un succulent repas en plein air y trouveront également leur compte. Informez-vous au vignoble !

Autre activité régionale digne de mention pour égayer les escapades automnales, les week-ends gourmands vous plongeront à coup sûr dans le charme des saveurs locales. À vous d'en profiter : pendant tous les week-ends de septembre jusqu'à la mi-octobre, des musiciens et des chansonniers enjolivent les après-midi dans les vergers, les vignobles et autres entreprises participantes. Il sera possible d'assister à des démonstrations culinaires mettant en vedette des produits régionaux. Pour plus d'information sur ces événements, consultez le site du tourisme de Rougemont : www.tourismerougemont.com

Les produits offerts

des pommiers, l'environnement est également favorable à la viticulture ! Donc, après s'être concentré uniquement sur la pomme pendant 18 ans, Francis Lavoie plante en 1997 les premières vignes qui allaient donner le coup d'envoi à une vocation élargie à son premier coup de cœur. Aujourd'hui, à ses 20 000 ceps réunissant 7 cépages différents il prévoit d'en ajouter 15 000 d'ici 2012. Les deux tiers d'entre eux seront des plans de vidal, cépage reconnu pour la production de vin de glace.

En plus du travail des champs, les Lavoie se sont serré les coudes, du plus vieux au plus jeune, pour construire le chai et le bâtiment d'accueil. Élément dynamique de la filière viticole et cidricole du Québec, Francis Lavoie a d'ailleurs été président de la première manifestation du Salon des vins et fromages fins du Québec, en plus de gérer au même titre les deux premières années du Mondial des cidres de glace à Rougemont.

La situation du vignoble

Grâce à la nature argilo-sablonneuse du sol, le buttage est un jeu d'enfants ! Ici aussi, on ne manque pas d'ingéniosité pour faciliter cette tâche : un souffleur de feuilles semblable à ceux qu'on utilise sur les terrains de golf a été transformé à cette fin.

Onir, vin blanc sec

Ce vin dont le nom signifie « rêver » est issu d'un assemblage de variétés du cépage seyval et des cépages parfumés cayuga et geisenheim. Ses arômes de fruit de la passion, de papaye et de kiwi y apportent une volupté qui vous charmera. Superbe vin apéritif, il conviendra aux mets asiatiques aigre-doux.

Le Seyval de Rougemont, vin blanc

Issu à 100 % de seyval blanc, ce vin présente des arômes d'agrumes, tels le pamplemousse et le citron vert. En finale, sa vivacité est très rafraîchissante. Elle comporte également des notes de pommes vertes.

La Tourelle, vin rouge

Issu d'un mariage entre le maréchal-foch et le baco noir, ce vin rouge sec possède un bel équilibre et évoque des parfums de fruits noirs mûrs, ainsi qu'une finale légèrement épicée.

Rouge Mont Rouge, vin rouge

Provenant d'un assemblage de chaunac et de baco noir, le Rouge Mont Rouge est un vin à découvrir. Pourvu d'arômes d'épices et de fruits secs, son caractère saura vous charmer par sa prestance marquée. N'hésitez pas à le servir avec des plats de viande rouge relevés, de même qu'avec des fromages forts, il prendra sans difficultés la place qui lui reviendra.

Pour s'y rendre

Situé à peine à 30 minutes de l'île de Montréal, le domaine est accessible par l'autoroute 10. Il suffit de prendre la sortie 29, de tourner à droite sur la route 133, à droite encore sur la route 112 et de chercher le numéro civique 311.

Vous pourrez également y accéder par l'autoroute 20 en prenant la sortie 115 et en tournant sur la route 229 sud, qui vous mènera au rang de la Montagne.

Vignoble du Marathonien

318, route 202 • Havelock
450 826-0522 • www.marathonien.qc.ca

À QUELQUES KILOMÈTRES d'Hemmingford se trouve le petit village d'Havelock, endroit paisible où vous croiserez le vignoble du Marathonien. Un arrêt s'impose, car vous y courrez

Photos: Vignoble du Marathonien.

la chance d'y rencontrer celui que je nomme affectueusement « Monsieur Vin de glace ». Jean Joly se distingue en effet pour l'ensemble de son œuvre et la quantité des prix remportés, en plus d'être une personne fort agréable avec qui converser, tout comme sa conjointe Lyne, qui le seconde admirablement.

La petite histoire

Jean est ingénieur chez Hydro-Québec. Son intérêt pour la vinification l'a d'abord mené à faire des tentatives à partir de raisins achetés. Le produit qu'il en a tiré lui a valu d'être remarqué dans un concours. Par la suite, une entente familiale concernant son actuel terroir allait transformer cette passion expérimentale en une activité plus sérieuse qui a fini par lui conquérir une réputation internationale. Depuis, de nombreux couronnements, particulièrement pour son vin de glace et sa « vendange tardive », mais aussi pour d'autres produits issus du vignoble, sont venus consacrer son labeur à l'occasion de divers concours internationaux d'envergure. En témoignent les dizaines de certificats

et de médailles qui tapissent les murs de la boutique de dégustation, sans oublier ceux qui attendent d'y être exposés faute d'espace.

Pourquoi le Marathonien ? Concrètement, c'est tout simplement parce que notre vigneron est un adepte de la discipline du marathon et que les premiers plants du vignoble ont été mis en terre par des amis qui s'y adonnent également. Sur un plan plus symbolique, il est évident que l'exploit du marathonien est une métaphore du métier de vigneron : les deux exigent un travail de longue haleine, de l'endurance, de la rigueur et de l'entraînement !

La situation du vignoble

À votre arrivée au vignoble le Marathonien, son sol de gros cailloux saillants aura de quoi vous surprendre. Ne faites pas comme moi et soyez prévoyant : les petites chaussures adaptées aux trottoirs urbains feront la vie dure à vos chevilles si vous désirez vous y aventurer ! Malgré sa modeste superficie de 2 hectares, on y compte 7 000 plants, tous âgés de 12 à 17 ans. Les

variétés qu'on y trouve sont principalement, en blanc, les seyval blanc, cayuga, vidal et geisenheim et, en rouge, le maréchal-foch et le de chaunac. En quantité minime y croissent également quelques plants des variétés merlot et cabernet-franc, lesquelles sont destinées, lorsque la récolte est bonne, à des microcuvées expérimentales.

À faire sur place

Durant la période d'ouverture, vous pouvez à votre gré aller visiter, librement ou en groupes organisés, ce charmant vignoble où vous trouverez un sentier d'interprétation fort instructif sur le terroir même et les divers travaux de viticulture. Pour une visite de groupe, veuillez prévoir un minimum de 10 personnes et des frais de 5 $ qui vous permettront d'ajouter à votre visite celle de la cuverie ainsi que la dégustation des produits. Profitez-en aussi pour pique-niquer sur les tables mises à votre disposition. Enfin, il est possible d'y pratiquer la cueillette de pommes en saison et d'y savourer alors un désaltérant jus de pomme frais.

Les produits offerts

Boisé d'Havelock, vin blanc

Issu à 100 % du seyval blanc, ce vin profite également d'un vieillissement de cinq mois en barrique de chêne. Souple et bien équilibré, il offre une texture ample qui enveloppe ses parfums de fruits blancs avec une note boisée bien dosée. Exquis avec les poissons en sauce crémeuse et les fromages à pâte molle.

Le Marathonien, vin Blanc

Également issu entièrement du seyval blanc, le Marathonien exprime plutôt la pureté du fruit. Pourvu d'une agréable vivacité, il est frais et désaltérant.

Photos: Vignoble du Marathonien.

Cuvée Spéciale, vin blanc,

Très intéressant par son côté aromatique, ce vin résulte d'un assemblage du classique seyval blanc avec les parfumés cayuga, geisenheim et vidal. Léger, tout en fruits et en fleurs, ce délicieux demi-sec s'agencera parfaitement avec une entrée de sushis.

Le Marathonien, vin Rouge

Vin produit à partir des cépages maréchal-foch et chaunac, ce rouge vieilli en fût de chêne américain laisse éclater des notes d'épices et de vanille. Pourvu d'une bonne structure, il conviendra à des mets de viande rouge relevés.

Vendanges tardives du Marathonien

Plus concentrées que les cuvées ordinaires de cette catégorie, ces vendanges tardives possèdent des caractères qui les rapprochent facilement du vin de glace avec sa richesse et ses notes de fruits confits.

Vinifera, vin Rouge

Quelques pieds des variétés cabernet-franc et merlot sont plantés au vignoble à titre expérimental. Lorsque la saison est assez chaude et que le total de degrés-jours de croissance permet un mûrissement satisfaisant, le jus de ces variétés est vinifié et vieilli en fût de chêne. Offert en format de 375 ml mais en quantité limitée.

Le Marathonien, vin de Glace blanc

Un vrai bijou. Ce vin de glace est sans conteste un sommet dans sa catégorie. Il est produit exclusivement à partir de vidal récolté en décembre, une fois que le mercure a atteint les -12 °C nécessaires à la concentration souhaitée. Une denrée rare offerte en quantité limitée. Vous serez médusé par sa complexité et sa richesse. Une finale presque éternelle qui se termine sur une note de bois d'érable et d'abricots confits.

Pour s'y rendre

Prenez la route 15 sud jusqu'à la sortie 6 (Hemmingford) pour aboutir sur la route 202 ouest, où vous roulerez sur une trentaine de kilomètres. Si vous arrivez du pont Mercier, gardez la droite et traversez Saint-Rémi (route 221 sud) et Saint-Chrysostome (route 209 sud) ; vous atteindrez Havelock par la 203 sud. Tournez ensuite sur la 202 en direction ouest et suivez-la pendant environ 3 km, jusqu'au numéro 318.

Vignoble Morou

238, route 221 • Napierville
450 245-7569 • www3.sympatico.ca/morou/

Le vignoble Morou se trouve directement sur la route 221 à Napierville, à seulement 30 minutes de Montréal. Une charmante maison de pierre approchant son tricentenaire s'y dresse en arrière-plan d'un petit bâtiment d'accueil situé juste à l'entrée, tout près de la route. Il vous sera facile d'y faire halte pour y découvrir les vins, mais aussi pour vous laisser tenter par une gamme variée de succulentes denrées de confection artisanale. (La confiture banane-chocolat que j'y ai achetée a disparu en un rien de temps !)

La petite histoire

Bien qu'il ait été acquis en 1997 par Yvon Roy, l'actuel propriétaire, le nom initial du vignoble a été conservé. *Morou* est en effet un mot-valise formé du patronyme de ses prédécesseurs, madame Morin et monsieur Héroux. L'intérêt d'Yvon Roy pour l'élaboration du vin ne date

pas d'hier. Intrigué dès son jeune âge par le processus de fermentation que subissait le vin de pissenlit de son grand-père, il décida de faire lui-même l'expérience avec toutes sortes de plantes et de fruits : cerises, rhubarbe, raisins secs… Yvon éprouvait décidément une grande curiosité pour le phénomène.

Curiosité d'ailleurs persistante, puisque quelques années plus tard, étudiant à l'Université de Sherbrooke, il intriguait ses amis avec son alambic installé à même sa chambre de résidence… Imaginez un peu les « rencontres d'étude » qui pouvaient s'y dérouler ! Mais Yvon savait ce qu'il faisait et, bien sûr, il évitait, comme tout bon distillateur, d'inclure dans ses concoctions ce que l'on nomme communément les « têtes » et les « queues » d'alcool (début et fin des distillations, considérés comme des alcools indésirables).

Membre fondateur de la route des vins du Sud-Ouest, le vignoble Morou distribue également ses vins par l'entremise d'une boutique du Marché des jardiniers, sur le chemin de Saint-Jean, à La Prairie. Yvon Roy est aussi un membre actif de l'AVQ, où il remplit la fonction de secrétaire. C'est un homme d'équipe qui croit beaucoup dans la force de la cohésion : « Les vignerons doivent se tenir et agir telle une locomotive pour faire avancer l'industrie, et non faire acteur seul sur leur tracteur. Ce qui a été fait n'est pas tout, il faut maintenant proposer un plan stratégique pour assurer le développement à moyen terme, dans le but aussi de fournir plus d'information aux nouveaux membres. » Des idées pour aider les membres, il en a plein la tête : des coopératives, pour partager l'outillage et la machinerie, dont le prix est prohibitif, font d'ailleurs partie de ses ambitions, toujours avec le succès de la filière viticole québécoise en point de mire. Une belle volonté d'engagement de sa part !

Vigne à l'étape de la nouaison, alors que les fleurs se transforment en grain de raisin.

Photos : Vignoble Morou.

La situation du vignoble

Sa proximité avec le lac Champlain et sa situation bien au sud de la province lui permettent de profiter de conditions très favorables en matière de chaleur et d'ensoleillement. Comme les vents provenant du nord et du nord-ouest soufflent abondamment dans ce secteur, la neige ne s'y accumule guère, ce qui rend nécessaire le buttage des variétés les plus sensibles au froid. Ses vignes poussent dans un sol argilo-sableux, héritage de ce qui a été la mer de Champlain.

À faire sur place

Outre la traditionnelle visite qui inclut la dégustation des produits du domaine, le vignoble offre des visites de groupe guidées et commentées : pour les petits groupes, aux heures établies, et pour les groupes de dix personnes et plus, à l'heure fixée au moment de la réservation. Les grands groupes peuvent également profiter de divers forfaits « vins et fromages » aux saveurs d'ici. Vous pourrez en outre prendre part à une croisière sur le Richelieu pour découvrir de belle façon la viticulture québécoise (www.croisieresrichelieu.com pour les détails). Enfin, au moment d'écrire ces lignes, un bel-

Coquette boutique où sont offerts, outre les vins du vignoble, diverses denrées de confection artisanale ainsi que des articles dont les thèmes tournent autour du monde du vin.

védère pouvant accueillir jusqu'à une quarantaine de personnes était en projet. Une petite boutique abritant les dégustations en période estivale offre également des spécialités culinaires telles que des confitures et des terrines aux saveurs locales, mais aussi des produits connexes comme des emballages cadeau et autres articles d'œnophilie.

Les produits offerts

Le Monarque, vin blanc
Élaboré à partir de seyval blanc, ce vin blanc sec offre des parfums de fruits frais acidulés, notamment des notes d'agrumes mais aussi de fleurs blanches.

La Closerie, vin blanc

Élaboré à partir du cayuga, ce vin blanc profite d'un élevage en fût de chêne. Un peu plus relevé que le Monarque, il offre aussi des parfums floraux plus marqués et une finale à l'arôme subtil de beurre.

Le Clos Napierois, vin blanc

Assez particulier, ce vin est élaboré à partir du cépage parfumé geisenheim et soumis à un vieillissement en fût de chêne. Il en résulte un vin sec, pourvu d'une bonne structure aux parfums qui rappellent la noix.

Le Rose des Vents, vin rosé

Élaboré à partir du gamay, ce vin rosé est assez délicat mais présente d'intéressants parfums de petits fruits rouges. Parfait à l'apéritif ou encore en *vin plaisir* sur une terrasse, il plaira par son caractère désaltérant.

Le Closeau, vin rouge

Issu du cépage de chaunac et vieilli en fût de chêne, ce vin rouge sec présente notamment des parfums de fruits noirs et une délicate touche épicée, de même qu'une finale rappelant la noisette.

Pour s'y rendre

En partant de Montréal, vous y accéderez par la 132 ouest, suivie de l'autoroute 15 sud. Prenez ensuite la sortie 21 pour aboutir sur la 219 en direction de Napierville. Une fois sur la 219, tournez à gauche sur le rang Sainte-Marguerite et continuez une dizaine de kilomètres jusqu'à l'intersection des routes 219 et 221.

Photo: Vignoble Morou.

Vignoble les Murmures

2750, chemin Noiseux • Saint-Jean-Baptiste
450 467-1730 • www.lesmurmures.ca

Située dans un arrondissement récent du village de Saint-Jean Baptiste, la magnifique maison qui se dresse tout en haut d'un coteau prononcé offre un charme certain grâce à ses terrasses entourées de murets de pierre. Le mot *muret* figure d'ailleurs parmi les sources d'inspiration du nom du vignoble, en association avec le doux murmure évoqué par son ambiance paisible. En gravissant l'entrée, vous recevrez de loin les salutations de Merlot, l'adorable chien de la famille. Dirigez ensuite votre regard et vos pas vers les majestueuses portes de bois qui scellent le mur de pierre sous la maison familiale : elles cachent la voûte qui donne accès à la boutique et à la cave de garde. Et lorsque vous atteindrez les vignes situées tout en haut, vous pourrez admirer l'art avec lequel leur disposition et le paysage ont été aménagés pour offrir le plus magnifique coup d'œil. Ce fut pour moi pur bonheur que de déambuler au milieu des arbres fruitiers (Encore merci, Daniel, pour la délicieuse poire !) et des magnifiques fleurs se détachant de l'arrière-plan montagneux.

La petite histoire

Daniel Hamel et Monique Saint-Arnaud sont tous deux bacheliers en agronomie et enseignants en technologie agricole. Ils partagent le rêve d'une entreprise dans leur domaine depuis le début de leur vie commune, il y a une trentaine d'années. En 1995, lorsqu'ils ont acheté le terrain où se trouve actuellement leur vignoble, ce sont surtout des pommiers qui y croissaient. En les arrachant, ils se rendirent compte que des rhizomes de vigne sauvage les retenaient. C'est ainsi qu'ils conçurent l'idée d'un vignoble. Toutefois, on ne devient pas vigneron en un claquement de doigts, mais armé d'une

Photo : Vignoble les Murmures.

Sarment de vigne dans son plus simple apparat, protégé par une fine couche de glace.

Du haut de ce coteau situé sur le flan sud du mont Saint-Hilaire, la vue sur les montagnes avoisinantes est de toute beauté.

solide formation et d'une passion contagieuse. Heureusement, nos bacheliers possèdent ces atouts dans la panoplie de leurs ressources personnelles ! Encore à l'œuvre, ils se préparent une retraite bien méritée au terme d'une entreprise des plus excitantes tout en ayant sans doute inspiré leurs enfants. Un de leurs fils est maintenant titulaire d'un diplôme dans le domaine de la transformation alimentaire et d'une formation en fromagerie reçue en Europe, et leur fille est agronome tout comme eux.

La situation du vignoble

Jeune vignoble dont les premiers ceps furent plantés à l'aube des années 2000, le terroir des Murmures est situé sur le flanc sud du mont Saint-Hilaire. Son orientation lui procure un maximum d'ensoleillement tout en favorisant son égouttement. De plus, il profite ainsi d'une protection sur trois faces grâce à une forêt d'érables et de chênes. Profond et rocailleux, le sol occasionne un réchauffement printanier rapide, idéal pour la vigne en sol québécois. Enfin, la taille haute favo-

rise la circulation de l'air, prévenant ainsi l'installation de maladies fongiques, tout en facilitant les vendanges le moment venu, en plus de décourager les petits quadrupèdes attirés par le parfum des fruits.

La cuverie des Murmures manifeste un avant-gardisme qui la distingue : sa disposition exploite la gravité pour le décuvage après la vinification, ce qui évite à la récolte le stress que peuvent occasionner les méthodes de pompage traditionnelles.

Parmi les cépages utilisés figurent le rustique dragon bleu, typiquement québécois, tout comme le plus connu vandal-cliche, en plus du sainte-croix, du frontenac et d'un hybride de la famille des muscats.

À faire sur place

Outre les dégustations offertes à la boutique et les visites guidées sur réservation, une aire de pique-nique est mise à votre disposition. Profitez-en pour agrémenter votre passage d'une pause revigorante dans la piscine naturelle, aménagée sur la portion frontale du domaine.

Les produits disponibles

Fait intéressant, lors de ma visite, Monique et Daniel semblaient enthousiastes à l'idée de pouvoir offrir un jour plusieurs millésimes de leur vin rouge, pour le plus grand bonheur de l'amateur averti en quête d'expériences gustatives comparatives. Plaisir au menu garanti, voyons comment évolueront les flacons !

L'Escogriffe, vin blanc

Issu du vandal-cliche, ce vin blanc sec, fruité, vif mais léger et très aromatique dévoile des parfums de fleurs, de litchis et une finale d'agrumes. Une partie ayant vieilli sur lies lui confère une texture ample.

Le Rose aux joues, vin rosé

Élaboré par saignée à partir du cépage frontenac, ce rosé aux parfums de fruits rouges des champs est très rafraîchissant. À savourer pour son plaisir gustatif sans prétention, notamment à l'occasion d'un bel après-midi ensoleillé passé entre amis.

La Mariolle, vin rosé

Autre rosé qui se distingue toutefois par le sucre résiduel qu'on a voulu lui conserver, la Mariolle offre un aspect plus ample qui tapissera votre palais. Une explosion de fruits rouges bien mûrs, en toute simplicité.

L'Effronté, vin rouge

Léger et accessible, ce rouge au parfum délicat qui rappelle le cassis agrémenté d'une note florale plaira également pour son côté désaltérant. Servi légèrement rafraîchi, il plaira aux inconditionnels du rouge pour l'apéritif et il pourra harmonieusement accompagner charcuteries et pâtés de foie de volaille.

Le Chenapan, vin rouge

Également affublé d'un nom évoquant le parler populaire, ce rouge charnu mais tout en souplesse se caractérise par les parfums typiques de cerises et de fruits noirs qu'offre le Ste-Croix, tout en vous laissant sur des notes plus délicates d'épices et de moka. Il a tout ce qu'il faut pour accompagner vos plats relevés de viandes rouges et les fromages forts à pâte ferme, comme le cheddar âgé.

Le Bon Diable, vin rouge fortifié

Dans le style des portos de type « Ruby », ce rouge charmeur et capiteux est une spécialité offerte en quantité limitée.

La Mère Veilleuse, vin blanc fortifié

Plutôt dans le style des Pineau de Charentes et un peu plus léger en alcool que le Bon Diable, ce vin blanc a tout de même été additionné d'alcool pour une plus grande teneur en sucre et la conservation des arômes primaires des fruits.

Pour s'y rendre

Situé tout près de Montréal, le vignoble est accessible par le chemin des Patriotes (route 133) depuis l'autoroute 20 (sortie 113). Tournez ensuite à gauche sur la montée des Trentes, puis à droite sur Ozias-Leduc, pour ensuite tourner à gauche sur le chemin de la Montagne puis à gauche sur le chemin Noiseux. Vous y êtes !

Vignoble les Petits Cailloux

625, rang de la Montagne • Saint-Paul-d'Abbotsford
450 379-9368 • www.lespetitscailloux.com

Situé du côté est du rang de la Montagne à Saint-Paul-d'Abbotsford, ce jeune vignoble est joliment annoncé en bordure du « rang des Anglais », comme on le surnommait autrefois, par un énorme rocher où sont gravés le nom et logo de l'entreprise : Les Petits Cailloux. Vous vous interrogerez peut-être sur le rapport entre ce rocher et la viticulture québécoise. Sachez que sa symbolique est multiple, mais que l'une d'elles ne manque pas d'humour. En effet, dans l'esprit du propriétaire, Martin Lavertu, cette masse rocheuse si difficile à soulever est une métaphore du défi que représente la viticulture sous notre climat ! D'ailleurs, quand je lui ai demandé ce qui l'avait poussé à se lancer dans ce domaine, il me répondit en riant : « Une chance que j'ignorais dès le départ ce que ça représentait, parce que si je l'avais su, je ne me serais jamais engagé dans cette voie. » Martin Lavertu reconnaît tout de même, aujourd'hui, qu'on est toujours récompensé de ses efforts !

Une fois sur place, vous rejoindrez l'accueil en gravissant le chemin qui longe les vignes, depuis le fameux chemin champêtre. Prenez le temps de vous retourner et de contempler la vue qu'il offre. Les couchers de soleil y sont d'une rare beauté.

La petite histoire

Martin Lavertu est programmeur analyste de profession. Natif de Warwick, près de Victoriaville, il suit en 1997 des cours de parapente, ce qui l'influencera dans le choix de l'emplacement de son vignoble. Un moment passé à l'école de vol libre de Saint-Paul-d'Abbotsford deux ans plus tard lui inspire l'idée d'acquérir une terre

Vue du vignoble, depuis le versant ouest du mont Yamaska. Les couchés de soleil y sont tout simplement superbes.

Photos : J. Perreault.

en vue d'y établir le nid familial. Mais c'est à la suite d'un voyage dans les vignobles de la réputée région viticole californienne de Napa que naît en lui le rêve de cultiver la vigne. Charmé par l'ambiance qu'offrent des vignes bien entretenues et par les joies de la dégustation qui consacrent l'effort accompli, Martin Lavertu a su donner suite à son rêve, comme en témoigne son vignoble désormais reconnu comme lieu agro-touristique d'intérêt à visiter sans faute.

La situation du vignoble

Sa situation sur le versant ouest du mont Yamaska lui confère jusqu'en fin de journée la chaleur abondante qui lui est essentielle en période végétative. En plus des vents chauds du sud, son sol rocailleux permet un emmagasinement thermique précieux pour la culture du raisin : le sol s'en trouve mieux asséché et les risques d'épidémies fongiques diminués.

Les Petits Cailloux, est en fait une métaphore ironique remontant aux origines du

Le chai, très moderne, se démarque également par sa propreté exemplaire.

vignoble. Après avoir lui-même extrait de sa terre les milliers de cailloux de forte taille qui s'y trouvaient (lesquels ornent désormais le domaine), Martin Lavertu fit retirer le reste au râteau à cailloux par un ouvrier. Mais plus celui-ci ratissait, plus les cailloux affleuraient, comme s'ils se multipliaient en signe de protestation. C'est cette histoire de cailloux irréductibles qui est donc à l'origine du nom du vignoble. Ce dernier ne fut toutefois adopté qu'au terme d'un vol de quatre heures en parapente au-dessus des monts Vallin dans la région du Saguenay. Épuisé, Martin décida d'atterrir pour se retrouver inopinément devant un CPE (centre de la petite enfance) dont le nom était : *Les Petits Cailloux* !

À faire sur place

Ouvert à l'année sur réservation et les fins de semaine à l'automne, le domaine met à votre disposition une salle de réception pour organiser des réunions d'affaire, des dégustations thématiques et des repas champêtres pouvant accueillir jusqu'à 50 convives. Toutes les activités peuvent être agrémentées d'une visite guidée.

Des activités gastronomiques avec produits du terroir sont également offertes, de même que des journées de vendanges en saison. Profitez-en également pour visiter la cuverie : sa tenue est tout simplement « nickel ».

Pendant les jours chauds, la terrasse offre des tables à pique-nique et une vue splendide sur les paysage environnants.

Sur demande, divers forfaits, dont un proposant de découvrir le vol libre et la montagne, pourraient certainement vous donner envie de plonger dans cette aventure exaltante. À vous de décider du moment qui vous conviendra pour la dégustation !

Les produits offerts

La Brise des Champs, vin blanc

Pour élaborer ce blanc, on a misé sur la pureté du cépage saint-pépin qui lui confère une certaine ampleur grâce à une trace de sucre résiduel. Parfait en apéritif par sa légèreté, il conviendra également à des plats aux parfums délicats.

La Brise des Bois, vin blanc

Plus charpenté que le précédent, celui-ci est issu du cépage prairie star. Vin sec, son goût boisé révèle son contact avec le chêne pendant son élaboration, ce qui lui confère également une rondeur supplémentaire.

Crépuscule, vin rosé

Généreux de ses notes de petits fruits rouges acidulés, ce rosé est issu d'un assemblage des jus du maréchal-foch, du sainte-croix et du frontenac. Indéniablement charmant dans son style, il possède un caractère demi-sec parfaitement équilibré avec sa fraîcheur. À noter également : une finale de framboise et de cerise fort intéressante.

Zéphir, vin rouge

Comme pour le rosé, le maréchal-foch, le sainte-croix et le frontenac se retrouvent compagnons de cuve pour ce vin à la personnalité accessible et toute en fruits. Sec, sa texture souple en fait néanmoins un vin polyvalent qui se prêtera à des mets délicatement relevés.

Zéphyros, vin rouge

Le sainte-croix et le frontenac donnent ici le ton à un vin rouge pourvu d'une personnalité plus marquée. En raison de son contact avec le chêne, ses parfums sont plus vanillés et épicés que ceux du Zéphir. Il présente également une complexité aromatique supérieure.

Sirocco

Tel le vent éponyme, le Sirocco est un vin rouge qui vous réchauffera le cœur. Issu des variétés maréchal-foch et sainte-croix, il est fortifié au brandy et aromatisé à l'érable. Assagi un an en cuve avant d'être embouteillé, il offre un style qui pourrait ressembler au porto avec sa matière doucereuse et ses notes de fruits rouges et noirs confits. Il sera délicieux tant avec les fromages relevés, comme les vieux cheddars, qu'avec les fromages à pâte persillée. N'hésitez pas non plus à le consommer au dessert, servi seul pour lui-même ou en compagnie de confections chocolatées. Assurez-vous toutefois, pour un meilleur mariage, que vos chocolats ne soient pas trop sucrés !

Pour s'y rendre

Situé entre Granby et Saint-Césaire, ce terroir vous est accessible par l'autoroute 10 en direction est si vous partez de Montréal. Prenez la sortie 55 (Farnham–Saint-Césaire) et suivez la route 235 Nord jusqu'à Saint-Paul-d'Abbotsford. Tournez à droite sur la rue Principale, puis à gauche sur le rang de la Montagne.

Si vous vous y rendez par l'autoroute 30, prenez la sortie 115 pour Chambly (boulevard Cousineau et route 112). Dirigez-vous sur la route 112 en direction est, puis tournez à gauche sur le rang de la Montagne.

Vignoble Le Royer Saint-Pierre

182, route 221 • Napierville
450 245-0208 • www.vignobleleroyer.com

FACILEMENT ACCESSIBLE, LE VIGNOBLE est situé directement sur la route 221 à Napierville, à environ 45 km de Montréal. À l'entrée, on pouvait, il n'y a pas si longtemps, admirer une spectaculaire statue de bois. Elle est aujourd'hui protégée des intempéries dans le bâtiment principal. Il s'agit de l'œuvre d'un homme qui, passant discrètement au comptoir à l'occasion pour se procurer du vin, aperçut un jour l'immense tronc de l'arbre déchu qui gardait l'entrée du vignoble avant d'être anéanti par la force impitoyable de la crise du verglas en 1998. « La face, la face, elle est prisonnière, il faut la libérer !... » dit-il un jour à Robert, qui se demandait bien pourquoi son client en faisait une telle histoire. Or, il s'agissait de nul autre que Julien Bouchard, artiste sculpteur de renom qui, dans un élan

d'inspiration, demanda la permission de « libérer » ce fameux visage pour qu'il puisse veiller sur le vignoble. Le chef-d'œuvre qu'il nomma *la sagesse du vin* exigea plusieurs semaines de travail (une exposition de photos sur le site en relate les étapes), et fût réalisé gracieusement.

La petite histoire

Quel plaisir j'ai eu à rencontrer Robert Le Royer, copropriétaire du vignoble avec Lucie Saint-Pierre. Un homme indéniablement rempli d'une joie de vivre contagieuse qui a su me faire rire aux larmes lors de notre entrevue. Du naturel, comme si nous nous connaissions depuis longtemps. Le parcours qu'il a suivi pour finalement devenir vigneron n'a rien de

Boutique du vignoble d'où il vous est également possible de voir la fameuse statue *La sagesse du vin* de l'artiste sculpteur de renom Julien Bouchard.

banal et démontre bien que la vie peut nous mener sur des chemins insoupçonnés.

Ayant fondé son vignoble en 1989, ce n'est pas d'hier que Pierre Leroyer travaille la vigne. Alors qu'il était étudiant, il décida un soir d'accompagner sa session d'étude de quelques verres de bordeaux, un Château Bélair plus exactement. Il fallait que l'instant soit mémorable pour qu'il se souvienne de ce nom après tant d'années. À vrai dire, la dégustation fut empreinte d'une certaine magie, car une réflexion faite autour de la dive bouteille inspira à Robert l'idée de se lancer dans une grande aventure. Il s'acheta une moto (et pas n'importe laquelle, une Harley) et partit à l'aventure, simplement accompagné du strict minimum, dont « un litre de Jack Daniels, quelques billets verts et une cartouche de cigarettes ». À en juger par son style, il n'a pas dû avoir de difficultés à se faire des amis et, au fil du bitume, à trouver du travail dans des fermes ou des plantations. Son périple le mena en Californie, dans la région de Carmel (Central Valley), où il s'engagea dans des entreprises viticoles. Quelque temps plus tard, il décida de revenir au Québec, mais en passant par l'Ontario pour y prendre connaissance des entreprises viticoles naissantes, qui laissaient présager les meilleurs espoirs. Il y croisa des gens fascinants qui faisaient leur marque dans le domaine et de qui il allait s'inspirer pour enfin devenir lui-même, en sol québécois, un des premiers détenteurs de permis artisanal.

Depuis, Robert Le Royer s'est associé avec quelques gens du milieu et travaille conjointement avec des producteurs du Minnesota, aux États-Unis, dans le but de pousser les expérimentations de viticulture en climat froid. Pour Robert, le vin est comme un livre en trois chapitres : le champ, la cuve et le verre. On peut supposer alors que si ces chapitres s'enchaînent bien, l'histoire sera bonne.

La situation du vignoble

Profitant de la proximité du lac Champlain et d'une position parmi les plus méridionales de la province, le vignoble bénéficie d'une quantité assez élevée d'unités thermiques, condition essentielle pour la culture de la vigne. En outre, il se compose de trois types de sol : une portion plutôt sablonneuse, une deuxième de sable plus lourd et d'argile ainsi qu'une troisième plus graveleuse.

À faire sur place

Dans l'ambiance festive et décontractée des lieux, on pourra prendre part à diverses activités incluant une visite guidée des installations et un goûter champêtre. Toutes sortes de forfaits vous sont offerts, adaptés à vos besoins et à votre budget. Vous pourrez vous rendre à la boutique pour y déguster une vaste gamme de produits, mais aussi profiter de l'aire de repos située à l'arrière du bâtiment principal. Également accessibles, quatre salons de dégustation pouvant

accommoder des groupes de taille variable. Passez un coup de fil pour plus d'informations, ou encore pour une réservation si le groupe compte 15 personnes ou plus.

Les produits offerts

Terre de Saint-Cyprien, vin rouge

Issu d'un assemblage des cépages maréchal-foch et sainte-croix, ce vin sec léger est tout en souplesse avec ses parfums de fruits des champs. Servez-le légèrement rafraîchi pour en apprécier le côté désaltérant.

Photos : J. Perreault.

Les Trois sols, vin blanc

Avec sa touche de sucre résiduel, ce blanc dévoile bien le profil aromatique du cayuga, cépage plutôt aromatique, qui possède notamment des parfums pouvant rappeler ceux de la famille des muscats.

Le Garnement, vin blanc

Ce sont les cépages geisenheim et kay gray qui prennent la vedette dans ce vin de dessert de vendanges tardives. Ses notes de fruits confits, d'abricot et de miel accompagneront son doux parfum de noisette, signature conférée par son court passage en fût de chêne.

La Dauversière, vin blanc

Composé notamment de saint-pépin et du parfumé geisenheim, ce vin blanc tout en fruits et pourvu d'une délicate acidité dévoile en finale une légère touche boisée, signe de son passage en fût de chêne.

Les Trois sols, vin rosé

Issu majoritairement du cépage maréchal-foch, ce rosé est sec et fruité avec des parfums de petites baies des champs. À boire frais, en toute simplicité.

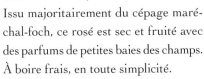

La Parcelle du temps, vin blanc

Assemblage original non pas de variétés différentes, mais bien de fruits issus à la fois des plus jeunes plants de geisenheim et des plus vieux. Un vin fruité avec une finale noisette.

La Lambertoise Carte or, vin rouge

Issu du compagnonnage des classiques maréchal-foch et sainte-croix, ce vin est un peu plus relevé que la Terre de Saint-Cyprien, probablement en raison de son contact avec le chêne. D'une bonne intensité, il offre une finale vanillée typique.

La Lambertoise Carte Noire, vin rouge

Identique par sa cuvée au Lambertois Carte Or, la Lambertoise s'en distingue toutefois par son millésime. Offerte uniquement à un certain moment dans l'année, elle présente des caractères d'évolution plus marqués en raison de son vieillissement de quelques années.

Givre Noir, vin rouge

Issu entièrement du cépage sainte-croix, ce rouge offre un corps appuyé par des notes de fruits rouges, notamment la cerise, et qui se termine sur une note de vanille.

Pour s'y rendre

En partant de Montréal par l'autoroute 15 sud, roulez jusqu'à la sortie 21 pour prendre la route 219 en direction de Napierville Tournez ensuite à gauche sur le rang Sainte-Marguerite et continuez sur une dizaine de kilomètres sur la route 219/221.

Québec

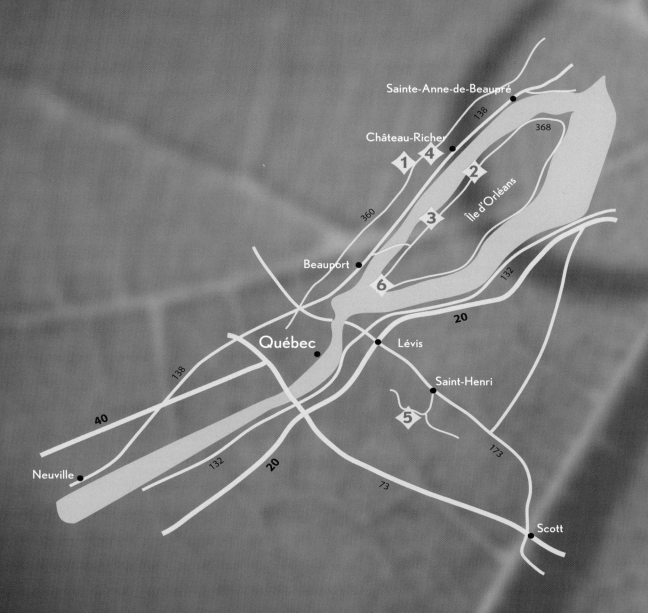

Sainte-Anne-de-Beaupré

138

368

Château-Richer

1 4 2

3 île d'Orléans

360

Beauport

6

132

Québec

20

138 Lévis

Saint-Henri

40 5

132 173

Neuville 20

73

Scott

1. Vignoble de l'Ange Gardien
2. Vignoble Domaine de la Source à Marguerite
3. Vignoble Isle de Bacchus
4. Vignoble Moulin du Petit Pré
5. Vignoble le Nordet
6. Vignoble Sainte-Pétronille

Vignoble de l'Ange Gardien

6869, avenue Royale • L'Ange-Gardien
418 822-0636 • www.vignoblelangegardien.com

Photo: Vignoble de l'Ange Gardien.

I l n'y en a pas qu'une seule et unique façon d'exploiter un vignoble. De fait, il appartient au vigneron d'adapter sa vigne le mieux possible à son environnement pour en tirer le meilleur. Ainsi, j'ai pu voir dans le Nord de l'Italie des vignes disposées en pergolas pour échapper à l'air froid qui rase le sol ; en Argentine,

Les vins du Québec | Région de Québec

des tailles très hautes destinées à protéger les fruits de l'effet de serre causé par le couvert des filets anti-grêle ; en Grèce, des conduites qui retiennent la vigne au sol, enroulée sur elle-même, afin que les grappes soient protégées en leur centre contre les bourrasques de vents chargés de sable. Mais je n'avais jamais vu une tenue de vignoble telle que celle de l'Ange Gardien !

La petite histoire

L'Ange-Gardien, c'est le nom du village le plus ancien de la côte de Beaupré. D'ailleurs, sur le site du vignoble, on a encore retrouvé des vestiges, notamment des morceaux de vaisselle ayant appartenu aux premiers colons dans les années 1670. Mais ce qui a décidé les propriétaires à baptiser leur vignoble du nom du village, c'est l'avènement en 2005 d'un fait ayant toutes les apparences du miracle. Un puissant orage de grêle avait commencé à dévaster atrocement la côte de Beaupré dans sa portion ouest. Charriant jusqu'sur la route le sol et les cailloux des terres pentues, les inondations avaient même sinistré plusieurs habitants. Le vignoble, avec ses jeunes plantations vulnérables, allait forcément être anéanti par le déluge qui évoluait dans sa direction. Or, il s'interrompit inopinément à moins de 500 mètres de là, comme si un ange était soudainement intervenu…

Une belle histoire que ce projet né de la réunion de deux amis qui se sont connus à l'école secondaire : Jean-Louis Crête et Daniel Desjardins. Ils ont en effet décidé, en 2003, de mettre sur pied leur projet de vignoble. Des expériences acquises ailleurs, notamment au vignoble de l'Isle de Bacchus

avec Donald Bouchard vers la fin des années 1980, de même que toutes sortes d'expérimentations, amenèrent le sympathique duo à faire quelques recherches dans la région avant d'arrêter leur choix sur le site de la côte de Beaupré. Bruno Fortin et Denis Morissette joignirent les rangs de l'équipe en 2006, et le vignoble ne cesse depuis de se développer sous l'effet de leurs efforts conjugués.

Les premières plantations eurent lieu à l'été 2004 et les dernières, deux ans plus tard. Aujourd'hui, le vignoble comprend environ 10 000 ceps, mais aussi quelque 600 pommiers, 600 cerisiers et un hectare de fraisiers.

La situation du vignoble

Ceux qui d'entre vous seront curieux de savoir ce qui distingue le vignoble de L'Ange-Gardien auront eu la patience de me lire jusqu'ici ! En fait, son originalité réside dans son palissage en forme de lyre, dont la taille varie toutes les six rangées. Ainsi, après chaque suite de cinq rangées d'une hauteur de sept pieds s'élève une seconde bordure de vigne atteignant dix pieds. Le but de cette alternance ? Pousser les vents froids du nord-ouest à passer plus en hauteur, afin d'en protéger les fruits. Un autre bel exemple d'ingéniosité et de dynamisme ! Outre cette disposition, l'orientation sud-sud-ouest procure aux vignes le maximum d'ensoleillement, pendant que le sol sableux et caillouteux en surface mais plus schisteux en profondeur apportent aux fruits des caractères particuliers.

À faire sur place

Pendant les heures d'ouverture du vignoble, soit de 11 h à 16 h, du vendredi au dimanche en période hivernale et de 12 h à 16 h les samedis et dimanches du printemps et de l'automne, vous pouvez vous rendre à la boutique pour y déguster les vins et en faire provision. À noter qu'il est préférable de vérifier les dates en téléphonant au préalable ou en consultant le site Internet. Et pour avoir la chance de croiser sur place l'un ou l'autre des énergiques compères de l'équipe, surveillez le calendrier des rendez-vous gourmands !

Les produits offerts

À noter qu'au moment d'écrire ces lignes, le vignoble n'en était qu'à ses premières productions et s'aventurait prudemment dans l'élaboration de vins de dessert mutés. Bien que leur gamme de produits soit déjà alléchante, il est fort possible qu'elle se soit diversifiée depuis ma dernière visite, remontant à l'été 2008, car il était alors question de l'élargir à une douzaine de produits alcooliques. De ce lot, des vins demi-secs de méthode allemande et des vins obtenus par passerillage étaient projetés. Leur possible réalisation contribuera à décupler l'intérêt déjà notable de ce vignoble.

L'Ange-Gardien
vin blanc fortifié

Élaboré à partir de seyval blanc et de vandal-cliche, ce vin fortifié issu d'un mutage à l'alcool de grain a profité d'un vieillissement en fût de chêne français. Ses parfums concentrés de fleurs mellifères et de fruits confits se dévoilent d'emblée, enveloppés par une délicate touche boisée.

L'Angeloise, vin blanc

On retrouve deux vins homonymes mais déclinés en deux versions : une en vin sec et l'autre dans laquelle on a conservé une part de sucre résiduel. Tout deux issus du même assemblage, soit l'heureux mariage des cépages seyval blanc, vandal cliche et geseinheim, la vivacité et les notes d'agrumes du premier accompagneront les plats de volaille, de fruits de mer, de poisson à chair maigre et les fromages légers, alors que le deuxième, à la bouche suave et au fruité plus imposant, conviendra parfaitement à la cuisine asiatique comme les sushi et les plats Thaï.

L'Angerose, vin rosé

Vin rosé élaboré à partir des cépages radisson, seyval noir et maréchal-foch, il faut semble-t-il faire vite pour mettre la main sur un flacon, sa popularité étant démonstrative de son succès. Frais et fruité, il dévoile des arômes de pêches. Vin d'été par excellence, il accompagne les salades-repas, les grillades, ou il se déguste aisément seul (mais entre amis !) à l'apéritif.

Québec 1608, vin rouge fortifié

Les cépages maréchal-foch, radisson et sabrevois prennent la vedette en assemblage dans ce vin fortifié rouge. Vous y découvrirez des notes primaires de fruits rouges, de même qu'une légère touche boisée, le tout dans un bel équilibre entre le sucre, la matière et son acidité.

Griserie, boisson alcoolisée à la fraise

D'accord, il ne s'agit pas de vin. Mais j'ai succombé à la tentation d'y goûter lorsque Jean-Louis et Daniel me l'ont offert, et franchement il m'est rarement arrivé d'apprécier autant une boisson de fruits. Car ici la fraise s'exprime dans son état le plus naturel. Cette boisson est élaborée à partir des succulentes fraises Bounty, dont la qualité est fort réputée, et une légère touche de sirop d'érable dans sa confection rend ce nectar tout simplement divin !

Pour s'y rendre

En vous rendant à Québec par la 20 ou la 40 est, pour ensuite emprunter la 73 Nord ; prenez la sortie pour l'autoroute Dufferin-Montmorency ; continuez sur la route 138 en direction est ; tournez à gauche sur la côte Dufournel puis à droite sur l'avenue Royale.

Vignoble
Domaine de la Source à Marguerite

3788, chemin Royal • Sainte-Famille
418 952-6277 • www.domainemarguerite.com

UNE VISITE À L'ÎLE-D'ORLÉANS n'est jamais décevante, surtout si vous pouvez l'agrémenter d'une escale bachique qui offre une vue imprenable sur la beauté du fleuve et sur les Laurentides ! Situé dans le village de Sainte-Famille, 13 km à l'est du pont qui relie l'île à la Côte-de-Beaupré, le Domaine de la Source à Marguerite vous promet de belles découvertes dans un paysage verdoyant et féerique. Vous serez certainement tentés d'arpenter non seulement le vignoble qui s'étale sur le coteau adjacent au fleuve, mais aussi les terres couvertes d'arbres fruitiers sur la portion située de l'autre côté du chemin Royal. Vous pourrez ainsi vous ressourcer et emplir vos poumons d'air pur.

La petite histoire

Les propriétaires, Diane Dion et Conrad Brillant, ont acquis la ferme en 2001. Dans cette terre ancestrale ayant appartenu à une famille souche de l'île depuis les années 1680, des pommiers, des pruniers, des poiriers et d'autres arbres à fruits sont plantés depuis plusieurs décennies. L'idée de compléter ces cultures fruitières par un vignoble a conféré à ce domaine orléanais son caractère unique.

Mais qui est donc la fameuse Marguerite qui a donné son nom à la source et au domaine ? Eh bien, nulle autre que Marguerite Bourgeoys elle-même ! En effet, selon une croyance populaire, la mère Marguerite Bourgeoys y aurait miraculeusement découvert une source pour subvenir aux besoins des sœurs institutrices, et depuis, l'eau n'aurait jamais manqué. On peut d'ailleurs encore voir le fameux puits sur le site du vignoble, près du fleuve.

Photo : Vignoble Domaine de la Source à Marguerite.

Photo: J. Perreault.

La situation du vignoble

Le vignoble prospère dans un sol de limon, de sable et de grès. Son insularité lui permet de bénéficier de l'effet thermique du fleuve Saint-Laurent et des vents chauds venant de l'ouest en certaines périodes. Avec ses 6 000 plants qui s'étendent sur 3 hectares, le domaine compte maintenant une douzaine de cépages qui offrent des possibilités innombrables. D'ailleurs, quelques expérimentations en cours vous étonneront peut-être dans un avenir rapproché. Soyez à l'affût !

À faire sur place

Au Domaine de la Source à Marguerite, les activités se chevauchent tout au long de l'année ! Pendant la saison estivale, vous pourrez bénéficier de visites guidées, utiliser les aires de pique-nique et, selon les périodes, pratiquer l'autocueillette, alors que, pendant les mois enneigés de l'hiver, vous pourrez vous balader en raquette ou en ski de fond, car un sentier sillonne l'endroit et vous permet une splendide randonnée dans les bois environnants. Et quoi de mieux que de terminer votre escapade par une succulente séance de dégustation à la boutique d'accueil, tout en vous réchauffant auprès des flammes dansantes d'un feu de bois ! La salle de la boutique est disponible pour la tenue d'événements et un service de traiteur est offert.

Cette salle regorge aussi de multiples produits du terroir en vente sur place tels que confitures, terrines, foie gras, fromages et produits de l'érable. Enfin, une terrasse couverte, attenante au bâtiment, offre tables et chaises pour ceux qui souhaitent un moment de détente et une vue superbe !

Produits offerts

Outre leur large gamme de cidres et de mistelles de poire et de prune, vous pourrez y déguster deux vins rouges, une mistelle de raisin et un délicieux vin de glace.

Le Clos Sainte-Famille, vin rouge

Plutôt léger, ce vin rouge sec est issu d'un assemblage. Comme il n'a jamais été en contact avec du bois, il révèle en toute pureté, la saveur des fruits qui entrent dans sa composition. Ses tannins souples et sa bouche accessible plairont aux palais en quête d'un vin plus délicat.

Photos: J. Perreault.

Le Cuvée du Domaine, vin rouge

Également issu d'un assemblage, ce vin rouge sec offre un style plus charpenté que le précédent. En effet, un contact avec du chêne lui confère une dimension supplémentaire. De bonne tenue, il saura accompagner vos repas de viandes rouges et vos fromages moyennement relevés.

Le Prestige de l'Île, mistelle de raisin

Ce produit vinicole pourrait rappeler le porto, mais ses parfums de fruits sont plus primaires. Il est élaboré comme l'est toute mistelle : par l'ajout de l'eau-de-vie à un jus qui n'a pas encore fermenté. Capiteux et racoleur, on le consommera frais, à la fin d'un repas, de préférence avec un dessert au chocolat noir nappé d'un coulis aux fruits des champs.

Le Brises d'Hiver, vin de glace

Ce vin de glace aux parfums fins et complexes a l'avantage d'être aussi offert en petit format de 200 ml, ce qui en fait un produit de luxe accessible à toutes les bourses.

Pour s'y rendre

Prenez l'autoroute 20 (ou la 40), en direction est, jusqu'à l'autoroute 73 nord (aut. Félix-Leclerc). Prenez ensuite l'autoroute Dufferin-Montmorency, puis la sortie 325 vers la 368. Une fois sur le boulevard Sainte-Anne, accédez au pont de l'Île-d'Orléans en suivant la voie d'accès située à votre droite. Après le pont, prenez le chemin Royal à gauche. Roulez environ 13 km.

Si vous arrivez de l'est, dirigez-vous vers le sud-ouest via la route 138 et prendre la sortie 325 pour vous diriger en direction de la route 368. Tournez à gauche sur le boulevard Sainte-Anne, puis continuez sur la Côte du Pont. Puis à gauche sur le chemin Royal !

Vignoble Isle de Bacchus

1071, chemin Royal • Saint-Pierre-de-l'Île-d'Orléans
418 828-9562 • www.isledebacchus.com

S I LE TEMPS VOUS LE PERMET, gâtez-vous en vous accordant le plaisir inusité de passer une nuit dans l'admirable maison patrimoniale sise au cœur de ce site tout à fait enchanteur. Le vignoble, qui vous offre le gîte et le déjeuner, vous comblera par l'excellence de tous ses atouts : confort des installations, boiseries d'époque, somptueux canapés de cuir au salon… où vous pourrez confortablement feuilleter une panoplie d'ouvrages de référence sur le vin et les activités qu'offre l'Île-d'Orléans ! Votre halte au domaine de l'Isle de Bacchus comptera pour beaucoup dans l'agrément de votre séjour insulaire. Classé quatre soleils par Tourisme Québec, le site et ses installations valent à eux seuls le détour. Mais également, et sans contredit, la qualité et la diversité des vins offerts, qui sauront plaire à tous les palais.

La petite histoire

En 1535, lors de son premier voyage, Jacques Cartier baptisa l'Île-d'Orléans « Isle de Bacchus », soulignant ainsi la présence de nombreuses vignes sauvages. Le domaine figure sûrement parmi les vignobles auxquels on peut associer les vignes les plus âgées, car c'est en 1982 que son propriétaire, Donald Bouchard, entreprit les premières plantations. Depuis, la ferveur familiale a conféré à l'entreprise l'ampleur d'une véritable société agricole. Le fils de Donald et de sa conjointe Lise Roy, Alexandre, les a rejoint en vue de prendre un jour le flambeau. En attendant Bouchard père n'en demeure pas moins actif et novateur, comme en témoigne notamment sa conception la plus récente, de type *Amarone della valpolicella*, dont il est très fier et avec raison ! Au moment de ma visite, une multitude de cagettes de bois étaient déjà prêtes à recueillir les grappes de raisins noirs destinées à un dessèchement de quelques semaines à l'extérieur par la méthode dite de « passerillage ». Le résultat escompté est une concentration des sucres et matières des fruits par l'effet du vent et de l'air ambiant, de même qu'une évolution aromatique qui offrira des parfums de fruits plus « secs », offrant une palette plus complexe. Une surprise de taille qui sera assurément délectable !

La situation du vignoble

Le vignoble de 25 000 plants sur 12,5 hectares s'étend sur les coteaux ouest de l'île à environ 30 mètres du fleuve. Cette proximité de l'eau lui fait bénéficier d'un microclimat plutôt chaud, grâce à l'apport thermique du fleuve à l'automne, qui a pour effet d'écarter les risques de gel pendant cette période cruciale pour la vigne. Aussi, une généreuse couche de neige protège les plants en dormance pendant l'hiver et jusqu'aux derniers temps froids du printemps. Détail tech-

Photo : Vignoble Isle de Bacchus.

À faire sur place

Ouvert à l'année pour les dégustations, le caveau s'ouvre à l'arrière de la demeure dans un décor de pierre à la fois traditionnel et mystérieux en raison de sa situation souterraine. En saison, des visites guidées vous permettront de vous familiariser avec le monde de la viticulture (prévoir une réservation pour les groupes). Vous pourrez en profiter pour y déguster un repas léger accompagné de vins élaborés avec soin. Quelques produits du terroir sont également en vente au caveau, et une salle de réception pouvant accueillir jusqu'à 35 personnes font partie des services offerts. Sans oublier l'hébergement !

Les produits offerts

Fait à noter, le vignoble s'est hautement distingué lors du Concours des Grands vins du Québec de 2008 : deux médailles d'or dans les catégories vin blanc et vin rouge sont venues couronner les deux vins de table qui figurent en tête de la liste qui suit.

Le 1535, vin blanc

Rappelant la découverte de l'île par Jacques Cartier, le 1535 est issu d'un assemblage des cépages vandal-cliche, eona et geisenheim. Savoureux et bien équili-

nique intéressant en ce qui a trait à la vinification, les appareils servant à égrapper et à presser le raisin sont surélevés par rapport aux cuves, ce qui fait que les jus y coulent naturellement par gravité sans subir le stress du pompage habituel.

On y cultive les variétés eona, geisenheim, hibernal, vandal-cliche et vidal en blanc, ainsi que les lucie-kuhlman, maréchal-foch, mitchurinetz et sainte-croix en rouge.

bré, il surprend et pourrait même en dérouter plusieurs à l'aveugle. Des parfums de fleurs et d'agrumes précèdent une finale minérale très désaltérante. Poissons à chair maigre, fruits de mer et crustacés lui conviendront à merveille.

Le Village des Entre-Côtes, vin rouge

Baptisé du nom de l'ancien village de Saint-Pierre, ce surprenant vin rouge est issu d'un assemblage de plusieurs cépages, dont les sainte-croix, maréchal-foch et michurinetz… qui lui confèrent une belle complexité ainsi qu'une matière bien présente et des tannins charnus.

Le Saint-Pierre, vin rosé

Ce vin rosé sec élaboré à partir du cépage sainte-croix porte le nom de son village d'origine. Souple, désaltérant comme il se doit et tout en fruits, il escortera les pâtés, les fromages légers, les viandes froides et les charcuteries.

Le Kir de l'Isle, vin aromatisé

Obtenu par l'ajout de sirop de cassis au vin blanc de table 1535, ce vin aromatisé pourra agrémenter l'heure de l'apéritif. Servez-le rafraîchi. Il plaira par ses parfums fruités et sa structure rafraîchissante.

Le Fleur de Lyse, vin blanc fortifié

J'ai pensé qu'il avait été conçu en l'honneur de Lise Roy, la femme de Donald, mais il s'agit en fait d'un clin d'œil à la chanson *Le tour de l'île*, dans laquelle Félix Leclerc surnomme l'Île-d'Orléans « notre fleur de lyse »… Ce vin de dessert

Photos : Vignoble Isle de Bacchus.

fortifié à l'alcool de grain et aromatisé au sirop d'érable se dégustera rafraîchi en fin de repas, ou encore avec un dessert à l'érable ou au caramel.

Pour s'y rendre

Prenez l'autoroute 20 ou 40 en direction est jusqu'à l'autoroute 73 nord (Félix-Leclerc). Prenez ensuite l'autoroute Dufferin-Montmorency, puis la sortie 325 vers la route 368. Une fois sur le boulevard Sainte-Anne, vous vous engagerez sur le pont de l'île par l'accès à votre droite. Une fois dans l'île, vous prendrez le chemin Royal à gauche et vous le parcourerez sur 2,3 km.

Si vous arrivez de l'est de l'île, dirigez-vous vers le sud-ouest via la route 138 et prenez la sortie 325 pour vous diriger en direction de la route 368. Tournez à gauche sur le boulevard Sainte-Anne, puis continuez sur la Côte du Pont. Les autres directions demeurent les mêmes pour le reste du trajet.

Vignoble Moulin du Petit Pré

7021, avenue Royale • Château-Richer
418 824-7077 • www.vignoblemoulinpetitpre.ca

EN LONGEANT LE FLEUVE Saint-Laurent par la 138, vous traverserez un chapelet de petits villages, dont celui de Château-Richer, lequel abrite le magnifique moulin à farine authentique qui a donné son nom au vignoble. Naguère propriété du vignoble, ce bâtiment patrimonial dont l'origine remonte à 1695 a été vendu il y a quelques années. Bien que le chai s'y trouve toujours, le moulin est aujourd'hui sous la gouverne d'un OSBL (organisme sans but lucratif). Vous accèderez au site en gravissant le chemin de gravier qui contourne le fameux bâtiment par l'arrière. Un chapiteau vous accueillera tout en haut. Ceux qui entreprendront de s'y rendre à pied verront leurs douleurs aux mollets largement compensées par le panorama qu'offre l'Île-d'Orléans et le fleuve Saint-Laurent le long de ce coteau abrupt.

La petite histoire

Le vignoble est en fait une compagnie réunissant cinq associés. La terre, achetée en 1990 sous l'impulsion d'un coup de foudre, avait plu d'emblée pour son emplacement de rêve et sa facilité d'accès pour les touristes. Vous aurez sans doute le plaisir de rencontrer dans les alentours deux des membres clés de l'équipe, soit Julien Bédard et Pierre Rousseau. C'est à Pierre, biochimiste diplômé de l'Université d'Ottawa, que revient, entre autres, le rôle de vinificateur. Après s'être libéré de ses autres entreprises, il peut désormais donner libre cours à sa passion trop longtemps refoulée. Si l'on en juge au sourire qui illumine son visage lorsqu'il en parle, son choix a manifestement été le bon !

Le vignoble actuel résulte d'une longue série de travaux d'aménagement. Fait cocasse, en 1996, le vacarme des bulldozers, tracteurs et pelles mécaniques ameuta le voisinage, qui alerta sur-le-champ un inspecteur municipal, persuadé d'avoir affaire à des promoteurs immobiliers venus anéantir à jamais l'harmonie du décor naturel local. Les premières plantations se firent en 1997 et les ceps recouvrent aujourd'hui 5 hectares de vignes. On y trouve principalement

Photo: J. Perreault.

Photos : Vignoble Moulin du Petit Pré.

du vandal-cliche et quelques rangs de sabrevois, mais aussi des petits fruits tels que des cassis, des amélanches et des framboises. Le vignoble produit des boissons alcoolisées à partir de ces succulents petits fruits.

La situation du vignoble

Gravissant les coteaux pentus de la côte de Beaupré, les vignes sont orientées nord-sud et jouissent d'un palissage qui favorise une bonne aération et une exposition maximale des fruits. La proximité du fleuve Saint-Laurent lui permet également de profiter d'un apport thermique qui rend les automnes plus cléments et prolonge la durée de maturation des fruits.

À faire sur place

Sous le chapiteau, une boutique abrite les vins du vignoble, mais aussi quelques produits dérivés. Profitez du forfait dégustation pour découvrir la gamme des produits offerts, mais ne quittez pas sans avoir pris un peu de repos aux tables et chaises qui s'y trouvent ou cassé la croûte aux tables à pique-nique disséminées aux alentours. Rien de mieux que de se prélasser entre amis, en famille ou en amoureux devant la vue splendide offerte par le fleuve et l'Île-d'Orléans ! L'endroit est tout simplement magique et offre nombre de possibilités de divertissement. Vous êtes de la région et voulez vous détendre après le travail ? Faites-y un arrêt pour les cinq à sept du vigneron. Vous pouvez également parcourir les sentiers qui vous mèneront dans les vignes : des panneaux d'interprétation vous fourniront des détails forts intéressants sur la viticulture. Sur réservation, des visites guidées bilingues sont également offertes aux groupes de dix personnes et

plus, ainsi que de multiples événements préparés sur mesure pour les entreprises.

Les produits offerts

Moulin du Petit Pré, vin blanc

Avec ses accents de pomme verte, d'amande grillée et de lime, ce vin blanc sec est frais et désaltérant. Un vin qui sera idéal en apéritif pour sa légèreté.

Veuve Lacaille, vin blanc

Issu entièrement de vandal-cliche, ce vin blanc sec dévoile un nez d'amande fraîche et de fleurs blanches qui précède en bouche une fraîcheur tonifiante et une finale assez persistante.

Les vins du Québec | Région de Québec

Les Grèves, vin blanc

Ce vin charmeur est obtenu par l'ajout de moût (jus de raisin non fermenté) à un vin blanc ordinaire. Il en résulte un nez très aromatique aux parfums de poire et de miel qui s'estompe dans une finale agréable. Idéal pour les palais sucrés ou pour accompagner les mets asiatiques épicés.

Cuvée du Coteau, vin rosé

Issu des variétés vandal-cliche, sabrevois et sainte-croix, ce vin rosé sec rappelle les parfums floraux du vandal-cliche, escortés par une note de poivre blanc et une finale légèrement épicée.

Moulin du Petit Pré, vin rouge

Issu d'un assemblage spécial de vigne sauvage du Québec (*Vitis riparia*) et de diverses variétés variant selon les millésimes, ce vin rouge souple et accessible plaira pour ses qualités d'ensemble.

La Pente Douce, vin rouge

Issu d'un assemblage de sabrevois et de sainte-croix, sa brève macération lui confère sa teinte rubis clair.

Frais et léger, il accommodera fromages légers, pâtés et charcuteries par ses parfums de fruits rouges et sa vivacité.

Cristaux de Givre, vendanges tardives

Aux fins de cette cuvée provenant majoritairement du vandal-cliche et secondairement d'une petite portion de saint-pépin, les grappes sont laissées à l'extérieur et pressées uniquement en décembre, ce qui leur donne une concentration aromatique inusitée. Avec son nez de fruits blancs confits, d'amande et de paille, elle dévoile une agréable onctuosité de même qu'une finale de sucre brun, le tout caractérisé par une fraîcheur équilibrée.

Pour s'y rendre

Prenez la 20 ou la 40 Est jusqu'à Québec, pour ensuite emprunter la 73 Nord. Prenez la sortie pour l'autoroute Dufferin-Montmorency, continuez sur la route 138 en direction est. Tournez à gauche à la rue du Petit-Pré, puis encore à gauche à l'avenue Royale.

Photo: Vignoble Moulin du Petit Pré.

Vignoble le Nordet

991, chemin des Îles • Pintendre, Lévis
418 833-7183 • www.vignoblenordet.com

ANS LE CHARMANT VILLAGE de Pintendre, situé non loin de Lévis à Québec, se dresse une entreprise viticole familiale au potentiel encore insoupçonné. Depuis peu, sa vocation est axée sur l'œnotourisme, grâce à la construction d'un magnifique bâtiment champêtre Cette nouveauté lui permet désormais d'être l'hôtesse d'une foule d'activités gravitant autour de la dégustation. Bref, le Nordet plaira encore davantage à sa clientèle ! Le vignoble a emprunté le nom qui était initialement celui de la plus ancienne rue de Pintendre, à l'époque où les premiers colons venaient de s'y installer. Comme vous le savez, le nordet est un vent provenant du nord-est. Le choix de ce nom évoque donc l'audace dont son propriétaire a fait preuve en se lançant en viticulture dans une région aussi septentrionale. Heureusement, le temps lui a donné raison !

C'est à la suite d'une rencontre toute particulière que Carl Bourget a vu naître la passion qui est à l'origine de son vignoble fondé en 1997. On lui avait déjà suggéré d'envisager la viticulture sur la terre de la maison familiale, mais le caractère hasardeux de l'entreprise avait refroidi son héroïsme. Heureusement, un ami le persuada d'assister à une causerie de feu Guy Tardif, ancien propriétaire du fameux Clos Saint-Denis, ce qui alluma en lui le feu sacré dont il avait besoin. Lors de cette rencontre qui se déroula dans les Cantons-de-l'Est, il fit la connaissance de gens d'expérience qui lui transmirent le feu sacré. Il découvrit des vins bien d'ici dont la qualité témoigne des pas de géant faits par la viticulture québécoise dans les dernières années. Cette rencontre fut décisive, elle confirma le réalisme de la nouvelle avenue qui s'ouvrait à lui !

Les premiers tests, effectués sous la supervision du pépiniériste réputé Alain Brault, portèrent sur une quinzaine de cépages rustiques. De ceux-ci, les cinq retenus représentent aujourd'hui la majeure partie de l'encépagement du vignoble. Les réussites suivirent, mais au prix de sacrifices qui furent dur au cœur de Carl, dont l'exigence de qualité le poussa à déverser dans la nature des cuvées entières qui ne lui semblaient pas à la hauteur. Sa philosophie : des produits irréprochables. « La viticulture québécoise est une industrie naissante qui cherche sa crédibilité. Si on y met son âme, on y met son honneur, il ne faut pas se contenter de peu », déclare-t-il. On comprend pourquoi le vignoble le Nordet jouit aujourd'hui d'une réputation bien établie, confirmée par les nombreuses distinctions dont ses produits ont été couronnés.

La situation du vignoble

Déjà plus d'une douzaine d'années se sont écoulées depuis la plantation des premiers ceps. S'approchant des 9 000 plants sur une superficie de 2,6 hectares, le vignoble le Nordet est vraiment situé dans une région risquée pour la viticulture. Mais un choix de cépages adaptés, protégés par une couche de neige abondante durant l'hiver, procure finalement des résultats des plus heureux.

Photo: Vignoble le Nordet.

Photo : J. Perreault.

À faire sur place

Dégustation et visite guidées sont, bien sûr, au menu des activités à faire sur place (prévoir une réservation pour les groupes de dix personnes et plus). Par ailleurs, une chaleureuse salle champêtre nouvellement édifiée vous attend. Pouvant accueillir jusqu'à 125 personnes, elle accroît considérablement les possibilités d'activités festives à saveur locale. Que ce soit pour un cinq à sept, une dégustation de vins et fromages ou encore un mariage, vous pourrez y vivre des moments inoubliables. La boutique où se tiennent les dégustations abrite également des produits artisanaux confectionnés notamment par les membres du Cercle des fermières de Pintendre. Enfin, il est également possible de participer aux vendanges à l'automne. Informez-vous auprès du vignoble !

Les produits offerts

Paruline, vin blanc

Issu d'un heureux assemblage des cépages prairie-star, saint-pépin et gesenhein, ce vin sec et expressif aux parfums de fleurs et d'agrumes comporte également une touche minérale. Il se dévoilera en bouche sous une personnalité alliant la fraîcheur de son origine à une texture ample. On l'appréciera certes en apéritif, mais aussi avec des pâtes au saumon fumé et des canapés de fromage à pâte fraîche.

Cardinal, vin rouge

Issu des cépages sabrevois, sainte-croix et dalraming, ses parfums de fruits noirs mûrs ainsi que ses notes de framboise, de prune et de réglisse noire sont bien enrobés dans une texture ample aux notes boisées.

Légèrement rafraîchi, c'est le parfait candidat pour accompagner les grillades de viande blanche sur le BBQ.

Bise des Prés, vin blanc fortifié

Combinant les personnalités du prairie-star et saint-pépin, ce vin qu'on peut apparenter au porto dans sa version en blanc plaira par un pourcentage d'alcool moins capiteux titrant les 17 %. Ses parfums de fruits blancs confits, de miel et de fleurs mellifères en font un produit idéal à servir avec des terrines de foie de volaille, des pâtés de foie ainsi que des fromages moyennement relevés et des desserts peu sucrés aux poires, à l'ananas bien mûr ou aux pêches. On pourra également le déguster rafraîchi en fin de repas avec des zestes d'orange confits trempés dans le chocolat blanc.

Bise des Prés, vin rouge

Comme pour son homonyme en blanc, une technique particulière a permis à son concepteur d'obtenir un vin de dessert atteignant un pourcentage d'alcool raisonnable à partir des cépages sabrevois et radisson. Des notes de fruits des champs et de prune, couplés à des parfums d'épices douces et d'agrumes, en font un choix tout indiqué pour faire durer vos fins de repas du soir, avec des douceurs chocolatés.

Solstice d'Hiver, vendanges tardives

Ce vin de dessert obtenu par la cryo-concentration des jus des cépages prairie-star, saint-pépin et geisenheim renferme des notes de fleurs, de miel, d'abricot et de fruits confits dans un ensemble bien équilibré, escorté par une fraîcheur agréable et un sucre qui ne s'impose pas trop.

Pour s'y rendre

Sur l'autoroute 20 est, prendre la sortie 321, tournez à droite sur le chemin des Îles et roulez environ 4 km. Rien de plus simple, le vignoble est à votre gauche ! Et soyez sans crainte si Maya vous surprend par son accueil. C'est la magnifique et gentille chienne de la famille, qui adore se coucher sur les pieds des visiteurs.

Vignoble de Sainte-Pétronille

1A, Chemin du Bout de l'Ile • Sainte-Pétronille, Île-d'Orléans
418 828-9554 • www.vignobleorleans.com

Photo : Vignoble de Sainte-Pétronille.

FACILE DE S'EN DOUTER, ce vignoble se situe dans le sympathique village du même nom sur l'Île-d'Orléans. Un « coup de circuit » en matière de tourisme pour son emplacement rêvé, l'accès y est rapide en empruntant par la droite le chemin qui ceinture l'île, tout de suite après avoir franchi le pont qui relie le monde insulaire à la terre ferme de la Côte de Beaupré. Roulez quelques kilomètres et vous y voilà ! De là, on peut y contempler le fleuve, le pont et l'imposante chute Montmorency. Croyez-moi, le coup d'œil est tout simplement sublime !

La petite histoire

Les propriétaires, Nathalie Lane et Louis Denault, ont un parcours plutôt impressionnant. Ces deux prospères entrepreneurs dans le domaine de la construction en béton ont bel et bien décidé de troquer leur affaire pour devenir paysans et artisans dans le milieu viticole, une histoire peu banale ! Lors de ma visite, Louis me racontait qu'enfant, il a vécu dans le très italien quartier montréalais de Saint-Léonard. Il s'est rappelé alors, un large sourire aux lèvres, de la « Mama » d'un

Photos: Vignoble de Sainte-Pétronille.

copain qui leur servait un breuvage à base de la divine boisson, accompagné d'une tranche de pain… Une tendance culturelle qui lui a visiblement plu ! Peut-être une sympathique étincelle, mais quelle fût la véritable bougie d'allumage de leur projet ?

Passionné de plein air et de bateau à voile, le couple caressait l'idée de trouver un petit coin de paradis pour y élever leurs trois enfants. Déjà amoureux de l'Île-d'Orléans, c'est en revenant d'une escapade en camping au Mont Sainte-Anne que le coup de foudre avec le site actuel du vignoble allait se produire. Toutefois, pas de magie instantanée dans leur cas. Même que les efforts pour concrétiser le tout n'auront été concluants qu'au bout de plusieurs tentatives pour acquérir le site rêvé, de même qu'un changement radical dans leurs habitudes professionnelles. Ils vendirent leur première entreprise et, s'initiant du mieux possible à leur nouveau mode de vie, entreprirent des voyages et des formations sur le sujet, tout en étudiant soigneusement les ouvrages qui leur dévoileraient les secrets de la viticulture québécoise. Ils n'avaient pas encore pris possession du site, que Louis s'affairait à apprendre au champ auprès du propriétaire qui allait lui céder son rêve en y effectuant les vendanges. Un transfert de connaissance qui aura été bénéfique, mué par une passion évidente allait donner le coup d'envoi à ce nouveau défi dès le printemps 2003. L'expérience s'est visiblement ajoutée à leur coffre d'outil au fil des ans, sous l'aura d'un souci qualitatif tangible. Un fait à souligner, ici le cépage vandal-cliche est mis en valeur et constitue pratiquement l'essentiel de la plantation en cépage blanc. Ce vignoble est d'ailleurs sa plus ancienne terre d'accueil.

Situation du vignoble

Le site n'a pas qu'un paysage exceptionnel. Le schiste limoneux qui meuble le sol du vignoble (d'ailleurs visible à plusieurs endroits) personnalisera le caractère des fruits produits, et l'influence du vent d'ouest qui transporte la chaleur du fleuve permet de repousser l'arrivée des premières gelées d'automne… Enfin, la pente que prend le vignoble vers le fleuve facilitera un bon drainage lors des pluies et une meilleure surface d'ensoleillement. Voilà des facteurs d'importance capitale lorsqu'on veut faire du bon vin au Québec !

À faire sur place

Dans une boutique où se côtoient ouvrages gastronomiques et cadeaux qui mettent en valeur le vin et les produits du terroir, règne une ambiance chaleureuse au style champêtre grâce au mur de pierre et aux poutres de bois qui personnalisent l'endroit… et bien sûr grâce à un personnel dynamique et souriant ! Des tables à pique-nique sont à la disposition des visiteurs, de même qu'une confortable terrasse abritée qui ceinture le bâtiment d'accueil. Des produits du terroir tels que fromages, gelées et pâtés pourront agrémenter votre goûter lors de votre halte. Plus près de la rive se trouve un ancien bâtiment agricole dans lequel y a été aménagé un petit centre d'interprétation qui saura vous familiariser avec les travaux de viticulture, grâce à des images et des objets explicites.

À noter qu'il y est également possible d'organiser des événements corporatifs ou une réception dans une salle ou sous un chapiteau extérieur. Vous n'avez qu'à soumettre votre projet aux propriétaires !

À vos papilles

Cuvée Sainte-Pétronille, vin rouge

Vin sec composé de sainte-croix, de sabrevois et de maréchal-foch. Une longue cuvaison ainsi qu'un passage en fût de chêne américain en font un vin rouge de bonne tenue pourvu d'une structure qui plaira aux amateurs de rouges plus costauds.

Photos: Vignoble de Sainte-Pétronille.

Le Voile de la Mariée, vin blanc

Élaboré à partir de vandal-cliche, c'est un vin sec et floral auquel on a voulu préserver tout le côté fruité en n'utilisant que la cuve inox comme berceau pendant l'élevage.

Le nom de ce vin est tiré d'une légende bien connue de la région, celle de *La Dame blanche*. On raconte qu'en 1759, le fiancé d'une jeune femme fût appelé au front lors de l'arrivée d'une flotte anglaise près de la côte et y perdit la vie. Inconsolable, la belle aurait revêtu la robe blanche et le voile qu'elle avait confectionné en vue du mariage et se jeta du haut de la chute Montmorency, où ils avaient l'habitude de se rencontrer. Son voile, emporté par le vent, aurait donné naissance à la petite chute visible depuis le vignoble, à gauche de la majestueuse chute Montmorency (voile de la mariée).

Insula, mistelle

Fait à 100 % de vandal-cliche, cette mistelle de raisin (la mistelle est élaborée par l'ajout d'alcool avant le début de la fermentation des raisins) a bénéficié d'un mutage (ajout d'alcool) au brandy.

Le fruit frais y est donc bien présent, le sucre du raisin y est aussi conservé. Délicieux à l'apéritif, on pourra également le déguster en fin de repas.

Vandal, vin de glace

Fort original, on sort ici des sentiers battus en matière de vin de glace par l'utilisation du vandal-cliche pour son élaboration. Il charme par son côté floral très caractéristique, une acidité bien équilibrée avec le sucre et une concentration savoureuse à la hauteur de ce que doit être ces fins nectars.

À découvrir

Réserve du bout de l'Ile, vin blanc

Cette cuvée plus bichonnée met également en vedette le vandal-cliche mais le cépage s'y exprime avec plus de

complexité grâce à un élevage en barriques et sur lies. Il en résulte un vin à la texture plus grasse voir même crémeuse en bouche, ainsi qu'une persistance aromatique palpable. Un délice avec les poissons en sauce, de même que les fromages à pâte molle.

Pour s'y rendre

Tout simplement par l'autoroute 40 est en direction de Sainte-Anne-de-Beaupré dans la magnifique région de Québec. Rendu là, impossible de manquer l'accès pour l'Île-d'Orléans via la route 368. Une fois le pont franchi, tournez à droite sur le chemin Royal. Vous êtes tout près !